全民质量教育系列

蓝领质量素质提升

Enhance Q&M Quality of General Workers

主编：黄小路　副主编：刘刚 刘放鸣
主审：钱仲裘　副主审：吴庭笙

中国质检出版社
中国标准出版社

北京

图书在版编目（CIP）数据

蓝领质量素质提升/黄小路主编．—北京：中国质检出版社，2014.8
（全民质量教育系列图书）
ISBN 978 -7 -5026 -4012 -5

Ⅰ.①黄… Ⅱ.①黄… Ⅲ.①质量管理 Ⅳ.①F273.2

中国版本图书馆 CIP 数据核字（2014）第 128636 号

中国质检出版社
中国标准出版社 出版发行
北京市朝阳区和平里西街甲 2 号（100029）
北京市西城区三里河北街 16 号（100045）
网址：www.spc.net.cn
总编室：（010）64275323 发行中心：（010）51780235
读者服务部：（010）68523946
中国标准出版社秦皇岛印刷厂印刷
各地新华书店经销
*
开本 700×1000 1/16 印张 13 字数 220 千字
2014 年 8 月第一版 2014 年 8 月第一次印刷
*
定价：**42.00** 元

编 委 会

主　编　黄小路

副主编　刘　刚　刘放鸣

编　委　须永元　谢小龙　陆　兵

　　　　　吴庭笙　苗忠保　史燕君

主　审　钱仲裘

副主审　吴庭笙

序

质量是兴国之道、强国之策。党的十八大提出“要适应国内外经济形势新变化，加快形成新的经济发展方式，把推动发展的立足点转到提高质量和效益上来”，质量发展不仅是促进创新驱动、转型发展的重要战略举措，也是维护群众人身健康安全的重要保证。如何促进质量发展、保障质量安全，在考量质量法律体系和监管制度的同时，也对提高全民质量素质、增强社会质量意识提出了更高要求。从近年来我国发生的一系列质量问题事件中可以看出，一方面部分生产者缺乏质量意识，质量控制能力低下造成问题产品屡禁不止，另一方面消费者质量安全知识匮乏，质量辨认能力不强，在一定程度上也使得质量问题扩大化。

质量管理始于教育，终于教育。从国外发达国家的经验来看，它们在经济发展过程中都十分重视质量教育。例如，日本在20世纪50年代确立了质量兴国和教育立国的战略方针，培养和造就了一批优秀的质量人才。从20世纪90年代开始，注重培养“自觉的消费者”，出版消费者教育选修教科书，以青少年为主要对象，面向社会开展质量教育活动，并创新性地提出了全社会质量管理的理论和方法。德国政府历来重视质量教育和质量文化，将贯穿始终、覆盖全面的质量精神和质量理念融入德国文化，塑造了德国质量的国际形象，成就了世界经济强国的地位。当前，我国也越来越重视全民质量教育，从国家层面到地方政府都对质量教育工作做了定位和规划。在国务院《质量发展纲要（2011—2020年）》中明确要求，通过质量教育将“诚实守信、持续改进、创新发展、追求卓越”的质量精神转化为政府、企业、公众的行为准则，努力形成“政府重视质量、企业追求质量、社会崇尚质量、人人关心质量”的良好氛围。

2013年1月1日，上海市政府颁布实施《上海市质量发展规划》（以下简称《规划》），提出要实施质量教育工程，全面提升全民质量意识、素质和能力。上海市质量技监局、市委宣传部、市经济信息委等八部门根据《规划》精神，联合印发了《上海市质量教育三年行动计划（2013—2015年）》，计划在企业质量管理人员、企业职工、中小学生以及市民中广泛开展质量教育。为此，上海市质量技术监督局牵头组织相关领域专家，编写《全民质量教育系列图书》，希望这套图书能让质量知识、质量意识广泛传播，从而内化为上海城市的质量素质、转化为上海城市的质量水平。

上海市质量技术监督局局长

黄小路

2014 年 6 月

前言

2013年，上海市政府颁布了《上海市质量发展规划》，规划提出到2020年把上海打造成“具有国际竞争力质量高地”的奋斗目标，并提出了实施“质量教育工程”，加强对企业职工质量素质和能力教育的要求。为了适应新的形势和经济社会发展要求，上海市质量技术监督局在总结本市企业现场质量管理经验的基础上，组织本市质量专家编写了《全民质量教育系列图书》。

本书为该系列图书之一，内容包括质量和质量管理、现场质量管理、现场质量检验、群众性质量改进活动和现场质量管理的常用方法。上海市质量技术监督局、上海质量技术监督培训中心、上海通用汽车有限公司、上海烟草集团公司等单位的专家参加编写和编审工作，上海通用汽车有限公司、上海贝尔股份有限公司提供了部分案例。本书由黄小路任主编，刘刚、刘放鸣任副主编，钱仲裘任主审，吴庭笙任副主审。须永元、史燕君（第一章），谢小龙、陆兵（第二章、第四章），吴庭笙（第三章），苗忠保（第五章）执笔。全书由黄小路、刘刚、刘放鸣编纂定稿。

特别感谢林修齐先生在本书筹划过程中给予的指导和支持。另外，本书在编写过程中，汤亚芳、傅涛、孙建英等同志做了大量文字校对工作，在此谨表感谢。

由于时间仓促，书中错漏疏误之处在所难免，恳请广大读者批评指正，以便持续改进。

编　者

2014年6月

目　录

第一章
质量和质量管理

什么是质量，质量的重要性达到什么程度，怎样得到所需要的质量？这是我们每位职工首先必须要搞清楚的问题。本章从历史、现状和创新的角度介绍质量的含义，从强国富民、企业生命、美丽中国、幸福生活和圆中国梦等方面阐述质量的重要性，还从质量形成、质量管理、质量管理体系等以及员工参与等方面来讨论如何获得满意的质量。从而使我们真正理解“质量第一”“质量是企业生命”“质量是创新之本”“质量是实现小康社会目标的基础条件”的真谛。

第一节　质量的概念

一、质量概念的演变

什么是质量？这是既熟悉又难回答的问题，似乎谁都知道，但谁都很难说清楚。历史上对“质量”有过不同的理解，最具代表性的有如下。

（1）美国质量管理专家**克劳斯比**认为质量就是符合要求。凡是有不符合要求，就表明质量有欠缺，质量问题就变为是否有不符合要求的问题。这就是符合质量的概念，符合要求就是合格，长期以来人们就是这样定义质量的。

（2）美国质量管理专家**朱兰**曾认为质量就是适用性。适用性是指产品在使用过程中成功地满足顾客目标的程度，这就是适用性质量的概念。它是以适合顾客需要的程度作为衡量的依据，要求人们从“使用要求”和“满足程度”两个方面去理解质量的实质。

（3）美国质量管理专家**费根堡姆**认为质量就是满足需要。需要可以是产品符合要求（标准）的需要，也可以是顾客及相关方的需要。该含义十分广泛，顾客的需要包括产品的“符合性”、“有用性”及“有效性”等内容；相关方中的组织的需要包括市场份额、利润及经济效益等内容；相关方中的供应商的需要包括互利和连续性等内容；相关方中的组织员工需要良好的工作环境、职业安全感和得到承认奖励等内容；相关方中的社会需要环境保护、道德行为和社会和谐等内容。

（4）日本质量管理专家**石川馨**认为质量反映顾客的满意程度，质量不仅指产品质量，还指工作质量、部门质量、人的质量、体系质量、公司质量、方针质量等。他指出，顾客的需求是变化的，质量的定义也是不断变化的。他强调价格的作用，认为价格是质量的主要组成部分。

从这些质量管理专家的观点可以看出，质量的概念在演变、拓展。随着产品概念和顾客概念认识的发展，在质量概念中，已经包含或隐含了资源保护、生态环境、经济增长、社会发展等方面的内容。归纳起来，质量概念的发展经历了符合性质量、适用性质量、相关方满意质量、战略导向型质量等过程：

第一是生产方主导型的质量，是符合性质量，它关注产品质量要求符合的证据，是标准化的概念；

第二是消费者主导型的质量，是适用性质量，它关注产品质量要求的改进，是变化的概念；

第三是相关方利益主导型的质量，是广义质量，它关注相关方质量要求的协调，是动态平衡的概念；

第四是战略导向型质量，是可持续发展质量，它关注从战略角度对质量要求的创新，是追求卓越的概念。

二、质量的标准定义

ISO 9000：2005 在总结以往人们对质量认识的基础上，给出质量定义为“一组固有特性满足要求的程度”，成为当前世界普遍认可的权威解释。

标准中“特性”指“可区分的特征”。特性可以是固有的或赋予的。

固有的就是指某事或某物本来就有的，尤其是那种永久的特性，如螺栓的直径、机器的生产率或接通电话的时间等技术特性。

赋予特性是完成产品后应不同要求对产品所增加的特性，如产品的价格、硬件产品的供货时间和运输要求、售后服务要求等特性。

固有特性和赋予特性是相对的，某些产品的赋予特性可能是另外一些产品的固有特性。

标准中“要求”指“明示的、通常隐含的或必须履行的需求或期望”。

“明示的”可以理解为规定的要求。如在文件中阐明的要求或顾客明确提出的要求。

“通常隐含的”是指组织、顾客和其他相关方的惯例或一般做法，所考虑的要求或期望是不言而喻的。如化妆品对顾客皮肤的保护性。

“必须履行的”是指法律、法规或强制性标准要求的。

要求可以由不同的相关方提出，要求可以涉及各个领域。

ISO 9000：2005 的质量定义没有将质量仅限定于产品，而是从“固有特性”和“要求”之间关系的角度描述质量。某种事物（包括产品）的“固有特性”满足某个群体（包括顾客）“要求”的程度越高，则这种事物的质量越高，反之就是质量低或差。由于具有固有特性的事物很多，同样满足的要求也是来自多方面的，因此 ISO 9000 族标准所定义的质量是很广泛的，可以指产品质量，还可以指更大范围层面上的质量。从这个定义的概念中可以理解质量具有经济性、广义性、时效性和相对性。

（1）质量的经济性：由于要求汇集了价值的表现，价廉物美实际上反映了人们的价值取向，物有所值，就是表明质量有经济性的表征，虽然顾客和组织关注质量的角度是不同的，但对经济性的考虑是一样的，高质量意味着最少的投入，获得最大的效益。

（2）质量的广义性：在质量管理体系所涉及的范畴内，组织的相关方对组织的产品、过程或体系都可能提出要求。而产品、过程和体系又都具有固有特性，因此，质量不仅是指产品质量也可指过程质量和体系质量，质量的含义是广泛的。

（3）质量的时效性：由于组织的顾客和其他相关方对组织和产品、过程和体系的需求是不断变化的，例如，原被顾客认为质量好的产品因为顾客要求的提高而不再受顾客的欢迎，因此，随着时间的推移和需求的变化，组织应不断地调整对质量的要求，也就是说质量的概念是动态的。

（4）质量的相对性：组织的顾客和其他相关方可能对同一产品的功能提出不同的需求；也可能对同一产品的同一功能提出不同的需求；需求不同，质量要求也就不同，只有满足需求的产品才会被认为是质量好的产品。也就是说，甲认为质量好的产品，乙可能不认为是质量好的产品，因为甲和乙对同一产品提出的需求不同。

三、质量特性

ISO 9000：2005 把质量特性定义为："与要求有关的，产品、过程或体系的固有特性"。为了实现顾客需要，要求把感性的、含混的顾客需要变换为清晰的、理性的、技术的或工程的语言，也就是质量特性。

质量特性可以分为以下几类：技术性或理化性的质量特性，例如长度、速度、耐磨性、废气排放量等；心理方面的质量特性，例如服装式样、食品味道、汽车外形等；时间方面的质量特性，例如产品使用中的及时性、汽车可靠性、电视机可维修性等；安全方面的质量特性，例如产品的安全性能、安全措施等；社会方面的质量特性，例如法律、法规、环保及社会伦理等。

不同分类产品的质量特性也不同：硬件产品的质量特性有内在特性，如结构、性能、精度、化学成分等；有外在特性，如外观、形状、色泽、气味、包装等；有经济特性，如使用成本、维修时间和费用等；还有其他方面的特性，如安全、环保、美观等。服务质量特性是服务产品所具有的内在的特性，可以分为可靠性（准确地履行服务承诺的能力）、响应性（帮助顾客并迅速提供服务的愿望）、保证性（员工具有的知识、礼节以及表达出自信与可信的能力）、移情性（设身处地地为顾客着想和对顾客给予特别的关注）、有形性（有形的设备、设施、人员和沟通材料的外表）。软件质量特性是反映软件产品满足规定和潜在需求能力的特性的总和，通常包括功能性、可靠性、易使用性、效率、可维护性和可移植性等。流程性材料质量特性有定量测量的特性（如强度、黏性、速度、抗化学性等），也有定性的特性（如只能通过主观判断的色彩、质地或气味等）。

质量特性还可根据对顾客满意的影响程度分为：关键质量特性（会直接影响产品的安全性或产品整机功能丧失）、重要质量特性（将造成产品部分功能丧失）、次要质量特性（暂不影响产品功能，但可能会引起产品功能的逐渐丧失）。

综上所述的质量，其对象指的是产品（包括硬件、软件、流程性材料和服务），也就是所谓的微观质量。质量所指的另一对象是国家、地区、行业、工程和服务的总体水平，也就是所谓的宏观质量，宏观质量是基于社会经济运行的整体局面，例如国民经济的发展质量、生态环境质量、人民生活质量等。宏观质量的评价建立在微观质量评价的基础上，即各单位、各产品的微观质量都能得到保证，则国家、社会、地区的宏观质量也就有了保障。本书后面各章内容的描述都是围绕微观质量——产品质量展开的。

第二节　质量的重要性

一、质量是强国富民的奠基石

国务院发布的《质量发展纲要（2011—2020 年）》明确指出："坚持以质取胜，建设质量强国，是保障和改善民生的迫切需要，是调整经济结构和转变发展方式的内在要求，是实现科学发展和全面建设小康社会的战略选择，是增强综合国力和实现中华民族伟大复兴的必由之路"。显见，提升质量水平已成为我国当前加快转变经济发展方式，实现经济社会又好又快发展的紧迫任务。质量是兴国之道，强国之策。

党的十八大指引了我国发展的美好前景，提出了要在 2020 年全面建成小康社会的宏伟目标，美好前景和宏伟目标的实现只能依靠质量强国的战略，来实现我国经济社会"又好又快，好字当头"的发展。"快"是指速度和数量，"好"是指质量和效益，"好"字当头要求把质量和效益放在更重要的位置。

1. 质量是强国之本

在现代经济发展历史上，许多发达国家在经济社会进入快速发展的关键时期，质量在大国崛起中扮演着重要的推动作用。20 世纪 50 年代，德国实施了"以质量推动品牌建设、以品牌推动产品出口"的政策，使德国制造业在战后迅速腾飞，打造出一大批世界级的著名品牌。60 年代，日本实施了"质量救国"的战略，在全日本范围内推广全面质量管理，使得日本产品凭借质量优势大举进入全球市场，成为世界经济强国。80 年代，美国为应对日本的产品挑战，出台《质量提高促进法》，批准设立"国家质量奖"，通过实施一系列提升质量水平、加强质量创新的举措，在多个产业领域重新夺回世界第一宝座。

质量反映一个国家的综合实力，是企业和产业核心竞争力的表现，也是国家文明程度的体现，既是科技发展、资源配置、劳动者素质等因素的集成，又是法治环境、文化教育、诚信建设等方面的综合反映。质量问题是经济和社会发展的重大战略问题，建设质量强国是我国经济社会发展的迫切需要。

质量强国在我国具有较强的现实针对性，党和国家历来高度重视质量工作，对质量的重要性提出了许多重要的论述，为建设质量强国指明了发展方向。经过改革开放以来30多年的发展，尤其是《质量振兴纲要（1996—2010年）》的实施，我国质量总体水平不断提升，基本满足了人民群众日益增长的质量需求，保证了我国经济平稳较快的发展，具备了实施质量强国战略的基础条件。第一，我国已成为制造大国，企业和国家的经济实力不断增强，技术创新能力显著提高，我国产品的国际竞争力日益增长，在质量强国的路上已经跨出了坚实的一步。第二，质量发展的技术基础逐步健全，质量管理的机制也日趋完善，为建设质量强国提供了有效支持。第三，提升质量水平已成为全社会的共识，质量教育在各个层次广泛开展，质量文化、质量品牌已建立和推广，公众的质量意识和维权意识逐年提高，为建设质量强国营造了良好的群众基础。第四，发布不久的《质量发展纲要（2011—2020年）》提出了质量发展的目标和工作方针，即“以人为本，安全为先，诚信守法，夯实基础，创新驱动，以质取胜”，吹响了建设质量强国的进军号。

与此同时，必须清醒地看到，我国经济发展总体仍处于粗放型阶段，具体表现为质量整体水平的提高滞后于经济规模的增长，企业提升质量的内在动力不足，自主创新和品牌创建能力不强，原创性产品和技术不多，生产和使用中资源、能源消耗大，环境污染比较严重，质量安全事件时有发生等。因此，夯实质量强国的基石、提升质量水平已成为我国当前加快转变经济发展方式，实现小康社会的根本出路。

2. 质量是企业的生命

对于企业来说，实际上质量是准则、责任、效益，是企业的生命。一个企业如果没有质量，就没有诚信，就没有市场，就失去了生存的能力。在进入全球经济的背景下，一个企业不仅要面对国内消费者的需要，而且要面对国际市场竞争的浪潮。多少年来的正反案例都向我们发出了明确的信号：“以质取胜”“优质生存”。然而，一个高质量的产品并不是轻而易举可得的，产品质量的形成由市场研究、开发设计、物料采购、工艺方法、生产控制、检验测试、包装发运、销售服务等多个环节组成，这些环节共处于一个系统，相互依存、相互联系、相互促进。如果某一个环节出现了问题，都会影响产品的质量，影响到企业的效益。

为引导和激励企业不断提高质量水平，树立质量先进典型，我国建立了国家和地方质量奖，对质量领先、技术创新、品牌良好、效率突出的单位给予表彰奖励。2013年首届中国质量奖颁给了中国航天科技集团基于质量问题“双归零”的系统管理方法和海尔集团“人单合一双赢”为核心的质量管理模式。国家建立质量奖励制度主要是为了树立质量管理标杆、激励质量管理创新，进而促进质量升级、推动经济转型发展。

获奖单位都把质量视为企业的生命，在顾客满意、市场份额、竞争能力、持续发展等方面占有明显的优势。反之，质量事故给企业带来的是惨重的损失或者是企业的消亡，波及全国的奶粉质量问题导致了三鹿集团的破产。

作为企业，应该强化企业质量主体作用，提高企业质量管理水平，加快企业质量技术创新，注重产品质量，把讲究质量放在整个企业工作的首位，一丝不苟，精益求精，才能在激烈的竞争中立于不败之地。

3. 质量是富民之道

质量直接涉及每一个人的切身利益，质量影响到人民群众的富裕水平。我们提供的产品、工程、服务，如果质量都很好，不合格或报废就减少或消灭了，国家的财产就增加了，人民群众应得到的那一份也多了，既“富国”又“富民”。

但现实情况是，我们的产品质量还不尽如人意，2011 年产品质量国家监督抽查的不合格率为 12.5%，不合格产品的绝对数还很大。人民群众购买的产品，时有不合格现象发生，增加了维修的费用，缩短了使用周期，使本来还未富起来的消费者增加了额外的开支。

质量创造的是效益，效益是富民的基本保障，国民生产总值 GDP 是发展速度和数量的体现，不完全是财产的反映，要让产品产生真正的效益就必须抓好质量。某地农村有一个传统的产品，过去已有很大的产量，但老百姓的收入提高不快，因为次品、退货很多，不仅价格卖不上去，而且连市场都在逐渐消退。近几年在加工原料、工艺流程、质量检验等方面做了许多改进，使质量明显提高，得到了客户好评，一举成为名牌产品，售价陡增，销量上升，农户的收入明显增加，成为当地有名的“富裕村”。十八大提出要全面建成小康社会，“小康”意味着“富民”，小康社会的实现离不开全社会的产品质量、工程质量、服务质量水平的提高。“质量富民”和“质量强国”是落实科学发展观和构建和谐社会的两个不可缺失的基本条件。

二、质量是美丽中国的守护神

著名质量管理专家朱兰说“21 世纪是质量世纪”，显然，质量已不是小范围的概念，转而成为世纪的大事，生态环境和人居环境的大事，超越了企业，也超越了国家，是整个人类要关注的大事。

党的十八大提出了要把生态文明建设放在突出的地位，努力建设美丽中国，实现中华民族永续发展。而“美丽中国”的建设，必须走一条质量和生态优先的道路。

尽管我国是世界第二大经济体，但由于我国的经济基础还很薄弱，所以在一段时期内片面追求发展的速度和数量，忽视了发展的质量和效益，出现了“先发展后治理”的被动局面。在产品生产过程中、使用中、维修保养中，以及报废后的处理中，的确有因质量问题而造成经济损失、环境污染、资源浪费的现象，这不是我们生活的追求，也不是美丽中国的企盼。

如果把质量仅限于影响某个产品、影响某个企业，那是远远不够的，质量所造成的影响是整个社会的，与人民生活息息相关的环境、卫生、资源及安全等都不例外。短期的满足要求，一个小范围内的满足要求，都不是质量含义的本意，不能让局部的满足破坏了社会的可持续发展。

在《质量发展纲要 2011—2020 年》提出的重点工程中，将“清洁生产促进工程”放在突出地位，要求在低碳经济、资源节约、环境友好的前提下去追求产品质量，在创造好质量的同时产生美好的生态产品，逐步建设强大富裕且环境优美的美丽中国。

应该认识到，质量与包括蓝天、绿地、碧水等生存环境系统有着密不可分的关系，是个复杂的课题，既有政府的战略决策问题，又有企业的环境保护社会责任问题，还有每个员工的质量意识问题。面对这样一个谁都回避不了的问题，各方有关、人人有责，在每一个细微的环节上（例如汽车的设计、汽车的制造、汽车的使用、汽车的维修、汽车的报废等）利用“质量”这个守护神，做好每一项工作，将环境影响减至最低，确保我们的生存环境质量。建设生态文明，是关系人民福祉，关乎民族未来的长远大计。必须把质量意识融合到尊重自然、顺应自然、保护自然的生态文明理念中去，通过质量工作着力推进绿色发展、循环发展、低碳发展，从源头上扭转生态环境恶化趋势，为人民创造良好的生产生活环境，为全球生态安全做出贡献。

三、质量是实现中国梦的支撑点

党的十八大报告中有 9 处提到“质量”，2013 年政府工作报告中有 14

处提到“质量”。党和政府把“质量”和幸福中国、小康社会、“中国梦”的宏伟目标相联系起来，使我们深深地感受到，“中国梦”也是质量强国梦，圆“中国梦”需要“质量”的支撑。

幸福中国、美好未来需要有质量的经济，没有经济增长很难有幸福。物资的匮乏不是社会主义，但有了经济的增长、丰富的物资也不一定有幸福。经济的“增量”很重要，而当经济水平发展到一定阶段时，经济的提“质”就显得更重要了。

在社会生活中，人们如果从劣质产品泛滥、假冒产品充斥的市场中得到产品，那么就需要对产品的真伪、质量的优劣、对身体健康的影响、使用价值的高低去做出自己的判断，让不懂得相关质量标准的人群花费巨大的精力和时间去评价质量，让人们成天在讨论“什么食品还可以吃?”“什么饮料能喝?”“什么产品能确保安全?”中度日。这是一种悲哀，这绝对不是质量的归宿，这无法给予人民幸福，也不能建成小康社会和实现“中国梦”。

质量是满足要求，质量是满足需要，而人民生活质量的要求、人民安全幸福的需要得不到满足，这是质量的失败。质量就是这样一项重要的工作，不要由于质量问题产生质量纠纷、引发社会矛盾，不要由于质量问题导致人员伤亡、增加人民痛苦，更不要由于质量问题破坏生态文明，影响小康社会的实现。

对于国家来说，以经济建设为中心是兴国之要，把推动发展的立足点转移到提高产品质量和效益上来，是实现“中国梦”的需要。也就是说，实现强国梦想，不仅要有财富实力，还需要有质量实力。这个“质量”涵盖了政治建设质量、经济建设质量、文化建设质量、社会建设质量、生态文明建设质量等，包含了小康社会、幸福中国的各个方面。为了实现“中国梦”，一是要提高产品质量，使工业产品、出口产品、文化产品、农业产品等最大程度地实现产品适用性和客户要求的满足程度；二是要提高工作质量，使管理工作、教育工作、民生工作、国防建设工作等达到更高的水平和取得实效；三是提高综合质量，使“质”和“量”达到内在统一，在统筹兼顾的基础上，实施质量效益型的科学发展。

“中国梦”是民族之梦，也是每个中国人的梦。“中国梦”既是强国梦，也是富民梦。因此我们要把质量提高到生命健康、幸福生活和小康社会的高度来认识。幸福中国的企盼、“中国梦”的理想只有在全社会的质量得到保证的基础上才能实现。“圆中国梦，需要十倍的付出，万千的担当”“圆中国梦，需要质量意识，关键在于实际行动”。将“以人为本”

作为质量工作的根本出发点和落脚点，让“质量在我心中”在每个人心中扎根、开花，让每一项工作真正保证质量，使美丽中国、幸福中国的“中国梦”早日实现。

第三节　质量的管理

一、获得质量的方法

如何获得质量，人类经历了不断探索和实践的过程，这个过程也是质量管理得到发展的过程。人类的生产方式源远流长，从个人手工劳作、工匠作坊、小型工厂、机械化作业到规模化生产，不同的生产方式获得质量的手段和方式各不相同，一般将获得质量的方法分为三个阶段。

1. 质量检验阶段

这一阶段主要是通过检验的方式来控制和保证产出或者转入下道工序的产品质量。起初凭个人的技能和经验把握质量，进而由工长保证质量，以后出现检验人员和检验部门专门实施质量检验，但这都是一种“事后把关”的活动，从成品中挑出废品、次品，以保证出厂产品质量。

2. 统计质量控制阶段

这一阶段主要是通过控制生产的工序来确保产品质量符合规范和标准。通过对生产工序进行分析统计，及时发现生产过程中的异常情况，确定产生缺陷的原因，及时采取措施加以消除，使工序得到控制，保持在稳定状态，从而保证产品质量。这是一种“事前预防”的活动，是数理统计方法和质量管理的结合，但这是一种限于制造过程的控制，常用的统计方法有“控制图”和“抽样检查”方法。

3. 全面质量管理阶段

这一阶段主要是综合运用各种方法和手段，充分发挥全体员工的作用，在质量形成的所有过程环节，共同保证最终的质量——让顾客和所有相关方受益而达到长期成功。这是“最经济水平”的质量与“充分满足顾客要求”的完美统一，在世界范围得到了认同和接受，并已经演变成一套以质量为中心的综合、全面的管理模式。

历史在发展，随着生产方式不断演变，科学技术进一步发展，产品更加纷繁复杂，可以预计，人类还将在获得质量的方法上继续探索。

二、实现质量的过程

任何产品都要经历设计、制造和使用的过程。产品质量同样也有产生、形成和实现的过程。产品质量实现过程的结果是得到质量。这一过程是由按照一定的逻辑顺序进行的一系列活动组成，通常用“质量环”来描述这一系列的活动。质量环中的一系列活动一环扣一环，互相依存、互相制约、互相促进。通过把产品质量产生、形成和实现的全过程分解为若干相互联系而又相对独立的阶段，就可以分别对这些阶段进行有效的管理。

通常将产品分为硬件、软件、流程性材料和服务四大类，这四大类产品质量的产生、形成和实现过程是不同的。硬件产品质量典型的产生、形成和实现过程如图 1－1 所示。

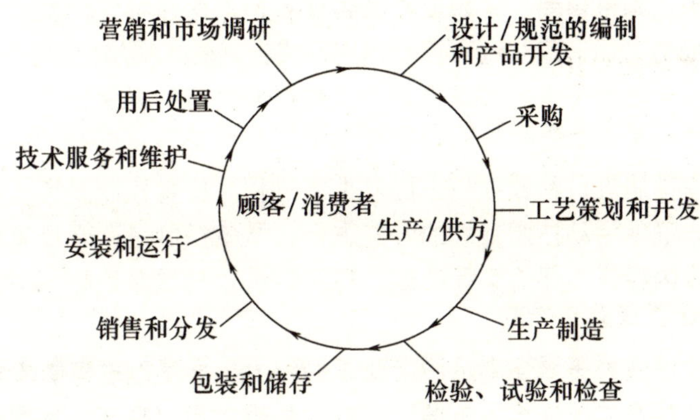

图 1－1　硬件质量环

服务产品、软件产品、流程性材料也有相类似的质量环表示质量实现的过程。

质量环只是表示一次循环过程，实际上质量环是不断循环的，每经过一次循环，就意味着产品质量的一次提高和发展。一次一次地循环，周而复始地运行，螺旋式地上升，不断完成质量的实现和飞跃。

三、确保质量的管理

要获得质量，就要从建立组织的“愿景”“战略”以及“方针和目标”开始，目标是通过管理过程得以实现，即好的质量要通过良好的管理过程来获得。实施质量管理，确保质量环一系列活动得到有效控制，是确保产品质量的必要手段。

1. 质量管理与“三部曲”

ISO 9000：2005 中，把质量管理定义为“在质量方面指挥和控制组织的协调的活动”。在质量方面指挥和控制活动，通常包括制定质量方针和质量目标，以及质量策划、质量控制、质量保证和质量改进。

质量管理涉及企业的各个方面，围绕产品质量形成的全过程实施质量管理是企业管理的主线，是否有效地实施质量管理关系到企业的兴衰。质量管理是一个连续的过程，质量策划、质量控制和质量改进构成了这一过程最主要的三个阶段，美国质量管理专家朱兰称之为“质量管理三部曲”。

质量策划致力于制定质量目标并规定必要的运行过程和相关资源以实现质量目标。质量策划的目的是保证最终的结果能满足顾客的需要。质量策划是质量管理的前提和基础。其主要内容有：设定质量目标、辨识和确定顾客、确定顾客需要、策划应对顾客需要的产品特征、开发能够生产这种产品特征的过程、建立过程控制措施，将计划转入实施阶段。

质量控制致力于满足质量要求。质量控制的目的是保证质量、满足要求。质量控制是一个设定标准、测量结果、判定是否达到预期要求、对质量问题采取措施进行补救并防止再发生的过程。质量控制贯穿于产品形成的全过程，确保活动按照计划的方式进行，质量控制是实现质量目标的保障。其主要内容有：评价实际绩效，将实际绩效与质量目标相对比，对差异采取措施。

质量改进致力于增强满足质量要求的能力。质量改进意味着质量水准的飞跃，使现有的质量水平在得到控制的基础上得以提高，达到一个新的水平。其主要内容有：提出改进的必要性、做好改进的基础工作、确定改进项目、建立改进小组、为小组提供资源和激励，以便诊断原因和设想纠正措施、建立控制措施以巩固成果。

质量控制与质量改进是相互联系的。质量控制的重点是防止差错或问题的发生，质量改进的重点是提高质量保证的能力。要提高质量水平，首先要做好质量控制，充分发挥现有控制系统的能力，使全过程处于受控状态，然后在此基础上进行质量改进，使产品质量达到一个新水平。

质量管理活动必须遵循 PDCA 的工作程序，有关 PDCA 循环的内容参见第五章。

2. 质量管理与质量管理体系

质量管理专家费根鲍姆首次提出质量体系问题，提出质量管理的主要任务是建立质量管理体系。在质量方面指挥和控制组织的管理体系称为质量管理体系，它是实施质量管理的载体。建立质量管理体系是为了有效和高效地实施质量管理，实现质量方针，达到质量目标。

目前广为认可的质量管理体系模式有两类，一类是以 ISO 9000 族标准建立的质量管理体系模式；另一类是以各国质量奖标准建立的卓越绩效管理模式。不管哪一类，都是以质量、成本、生产率以及经营绩效作为结果。

绝大多数企业按 ISO 9001 建立和运行质量管理体系，用来证实企业有能力稳定地提供满足顾客和适用法律法规要求的产品，通过体系的有效应用，包括体系持续改进的过程，以及保证符合顾客和适用法律法规要求，旨在增进顾客满意。ISO 9001 针对的质量管理体系目标是保证产品质量、增强顾客满意，因此质量管理体系过程始于顾客要求，终于顾客满意，其质量管理体系过程模式如图 1 -2 所示。

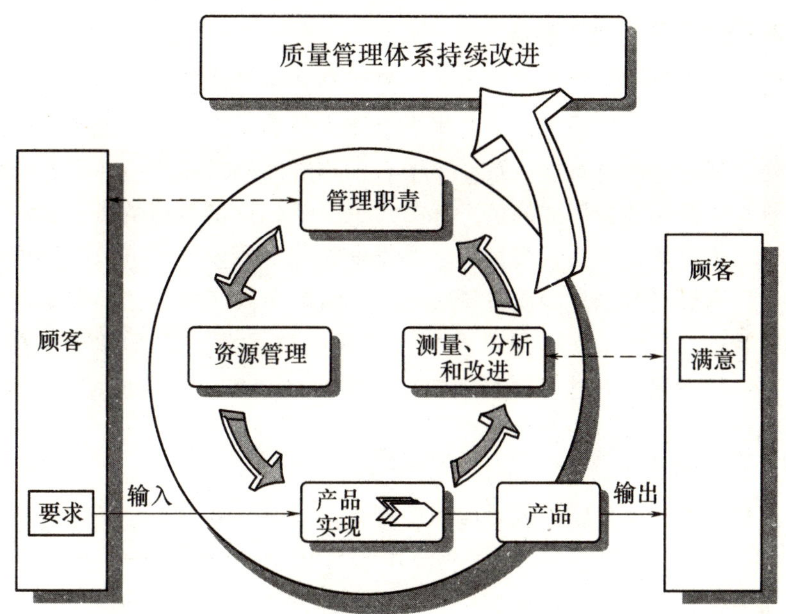

图 1 -2　ISO 9001 质量管理体系过程模式图

如图 1 -2 所示，质量管理体系的主过程是产品实现过程，输入来自顾客需求，输出是质量得到保证的产品和服务，目标是顾客满意。为了主过程有效运行，需要管理者的领导和支持，需要必要的资源保障，测量和分析贯穿于所有活动的始终，即证实产品和过程的符合性，也为过程控制和持续改进提供依据。

但是 ISO 9001 所提出的质量管理体系要求是“基本要求”，并未包括组织需要的质量管理体系的全部内容：在体系目标方面，它仅以保障产品和增强顾客满意作为目标，没有考虑其他相关方满意；在体系功能方面，它侧重满足顾客要求，没有强调组织的效率和全面经营结果；在管理水平方面，它只要求达到规定的管理程序、方法，没有提出质量管理的创新和改进要求。

因此，企业不能满足、陶醉于已经得到 ISO 9001 标准认证的质量管理体系，应该以追求组织持续成功的质量管理方法，以八项质量管理原则作为有效的质量管理体系的基础，从使命、愿景、战略的高度来构建质量管理体系的扩展模式，应对复杂的、严峻的和不断变化的环境，以均衡的方式，长期持续地满足相关方的需求和期望，实现企业的持续成功。

3. 质量管理与员工参与

全体员工是每个组织的根本，人是生产力中最活跃的因素。组织的成功不仅取决于正确的领导，还有赖于全体人员的积极参与。企业实施质量管理活动和运行质量管理体系，除了有领导层面的重视，还必须有全体员工的参与。产品质量形成的每个环节、每个活动，都有相关员工参与，员工的参与直接影响产品的质量。全面质量管理就是全公司范围内的质量管理，是所有部门都参与的质量管理，即公司所有部门的员工都要学习并参与质量管理。为此，作为员工要树立正确的质量意识，理解质量的重要性，熟知质量管理方法，执行质量管理的各项措施，开展质量改进活动，从而确保产品质量过程全面受控。

（1）树立质量意识

质量意识是质量管理的前提，质量意识直接关系到企业质量管理的成效，所以说“意识决定行为”“行为决定结果”。

首先，员工要有“质量第一”“质量是企业的生命”的意识，要懂得质量对组织、员工和社会的意义和作用；其次，员工要明白自己的工作结果对过程、产品和企业信誉的影响；然后，员工要知道采用何种方式才能为实现质量目标做出贡献；最后，员工要形成“产品质量人人有责、人人关心产品质量和服务质量、人人参加质量管理、人人从质量获益得到好处”的质量文化环境。

质量意识还包括：质量的概念、质量的法律法规、质量责任、质量战略、质量风险等。作为企业员工，要有正确的质量意识，才能指导自己有正确的质量实践。

(2) 理解方针目标要求

方针目标管理是企业为实现以质量为核心的中长期和年度经营方针目标，充分调动职工积极性，通过个体与群体的自我控制与协调，以实现个人目标，从而保证实现共同成就的一种科学管理方法。它强调系统管理和重点管理，注重措施管理和自我管理。质量方针和质量目标是企业经营方针目标的组成部分。

员工应清楚理解企业方针目标的真实含义，熟知本部门、本岗位的目标，正确认识自身积极性的调动与实现方针目标的关系。在此基础上，积极参与方针目标管理的全过程，即：设定具体而明确的岗位目标，明确自身岗位职能，实行自我控制管理，做好自身的每一件工作，达到设定的岗位目标，为公司方针目标的实现创造条件，为实现公司成就和个人成功有机统一作出应有贡献。

(3) 认识“第一次把事情做对”的重要性

“第一次把事情做对”，是指在第一次的时候，用正确的方法，将正确的事情做对。在质量管理中，只要每一个人在第一次就把事情做对，不让缺陷发生或流到下道工序，不符合要求的代价就不会出现，停工待查、返工、废品、投诉就没有了，企业的发展在时间、金钱和精力上得到充分的保证。据统计，在制造业，由于没有“第一次把事情做对”而造成典型的不符合要求的代价占销售额的20% ~30%，在服务业和行政组织中，由于没有“第一次把事情做对”，造成典型的不符合要求的代价达到了营运费用的30% ~40%。

员工应该认识到：第一，“第一次把事情做对”是提高效率、降低成本的最好方法；第二，“第一次把事情做对”涉及每个员工、每个工作环节；第三，“第一次把事情做对”是对员工的要求，也是一种约束，因为任何的疏忽、粗心、不负责任，都将影响质量，造成损失，产生浪费；第四，“第一次把事情做对”，员工应在做事前，做好充分的准备工作，确保做事的顺利和成功。

(4) 重视事前预防

产品质量是生产出来的，设计出来的；检验不能产生质量，预防产生质量。预防性管理就是要求质量工作的重点从“事后把关”转移到“事前预防”，从“管结果”变为“管因素”，把一些潜在影响生产的质量问题控制在萌芽状态或消除，防止不合格的发生。但必须指出，强调预防为主，不是排斥质量检验，而是追求质量检验更加完善和科学。

企业员工应明白“事前预防”远胜过“亡羊补牢”的道理，从源头抑制或消除隐患，防止不合格及问题的发生，确保后续管理正常有效。管理的重点是预防发生不合格，而非检测不合格。员工应在自己的岗位上去发现存在隐患的因素，通过事前控制因素，确保满意的结果。

（5）做好现场管理工作

现场管理是指用科学的标准和方法对生产现场各生产要素，包括人（工人和管理人员）、机（设备、工具、工位器具）、料（原材料）、法（加工、检测方法）、环（环境）、信（信息）等进行合理有效的计划、组织、协调、控制和检测，使其处于良好的结合状态，达到优质、高效、低耗、均衡、安全、文明生产的目的。生产现场是企业生产管理的缩影，现场管理是生产第一线的综合管理，做好现场管理工作是生产高质量产品的关键。

为此，员工应按质量管理体系要求，熟悉本工序的技术要求和作业操作方法；正确使用设备设施，按规范作业；仔细观察生产过程中的细微变异，收集各种数据信息，保证信息化管理渠道的畅通；做好工序产品的自检、互检，合理处理不合格品；对生产现场出现的问题，采取整改措施予以有效解决，形成闭环，防止问题的继续发生或不合格品的流转；做好物品的标识和定置管理，保持生产现场清洁、有序的工作环境等。确保生产现场：人——规范化，事——流程化，物——标准化。

（6）开展质量改进活动

质量改进是质量管理的一部分，它致力于增强满足质量要求的能力，也就是说，质量改进是通过采取有效的措施，提高产品、过程或体系满足质量要求的能力，使质量达到一个新的水平和高度。质量改进是通过具体的质量改进活动来实现的。

企业员工要理解质量改进的概念，认识到质量改进的重要性和必要性，积极参与和质量改进有关的各项活动，在质量改进活动中发挥自己的聪明才智，为质量改进活动取得切实有效的成果。员工参与的质量改进活动可以有：以“出点子、出思路、出办法”为主的合理化建议活动；以“小修小改”为主的技术革新活动；以“解决现场存在问题”为主的 QC 小组活动；以“强调数据、追求卓越”为主的六西格玛管理活动，以及其他改进活动。员工在参与质量改进活动中，应用各种质量改进工具和方法，分析问题的原因，提出纠正和预防措施，并将这些措施予以标准化后实施，评估改进效果，提升质量管理水平和产品质量水平。

第四节　质量的制度

人们在生产实践中领悟到，产品质量的形成有其固有规律，为确保产品质量，需按此规律建立相应的规定，即质量制度。

一、概述

（一）质量制度的起源和发展

我国的质量制度最早可以追溯至三千年前“官办作坊”的制度，在这一古老的质量管理制度中至少包括四个方面的内容：一是质量管理制度建立在明确的质量概念基础上；二是十分重视员工的劳动技能培训；三是建立标准体系（如统一度量衡等）；四是建立严格的责任制度。在这类制度中规定，从事生产事务的各种机构都任命专门的官员来负责管理，这些官员与工匠一起对产品的质量负责，并建立产品追溯制度。例如，在周朝就规定制品必须刻有制作该品的工匠和负责官员的姓名，这一制度一直沿用到以后各朝。

随着生产力水平的提高和科学技术的发展，在社会化大生产背景下，产生了现代的质量管理制度。它主要包括两个层面的制度，一是国家、部委和地方制定的法律法规，如我国的《中华人民共和国产品质量法》；二是企业内部的各项制度，如质量手册和质量管理程序文件等。这些产品质量的制度是国民经济健康发展和企业提高核心竞争力的基础，也是人民生活质量的保证。

（二）与产品责任有关的法律法规

为确保产品质量，各企业必须承担相应的产品责任。与产品责任有关的法律法规覆盖了整个产品生命周期，包括：设计、制造、储运和使用等诸过程都必须符合有关法律法规。如果违反了相关法律法规，企业就必须承担相应的产品法律责任，轻则罚款，重则受刑事处罚甚至导致企业破产倒闭。如在牛奶中非法添加三聚氰胺而受惩罚的三鹿系列刑事案件中，田文华被判生产、销售伪劣产品罪，判处无期徒刑，剥夺政治权利终身，并处罚金人民币2468.7411万元；生产、销售含有三聚氰胺的“蛋白粉”的被告人高俊杰犯以危险方法危害公共安全罪被判处死缓，被告人张彦章、薛建忠以同样罪名被判处无期徒刑；其他15名被告人各获二年至十五年不等的有期徒刑；三鹿集团被破产清算。据不完全统计，我国涉及产品法律责任的有效法律有50余部，法规有400多个。其中，除小部分是完全调整产品质量责任的法律法规以外，大部分是部分条款与产品责任相关。

产品生命周期各阶段的有关产品责任的法律法规，包括：产品设计环节涉及的民法通则、标准化、特殊产品和新产品成果鉴定等法律法规，以及设计后产品专利的法律法规；产品生产环节涉及的有产品合同、标准化、生产制造、产品包装和商标等法律法规；产品销售环节涉及的有进货检验、广告宣传、公平交易、市场监督、售后服务等法律法规；产品运输存储环节涉及一般货物和危险货物的交通运输和仓储等法律法规；产品使用环节涉及使用者的权利义务、纠纷争议解决等法律法规；产品进出口涉及产品进出口基本原则、检验检疫、海关监管等法律法规；特殊产品，如食品、药品、化妆品和特种设备等也都有相应的特定的法律法规规定。

二、质量法律法规

（一）国家法律

就一般产品质量而言，规范质量的基本法律是《中华人民共和国产品质量法》《中华人民共和国标准化法》和《中华人民共和国计量法》等。简介如下。

1.《中华人民共和国产品质量法》

该法于1993年颁布，2000年修订。它是我国质量领域的基本大法，包括总则、产品质量的监督、生产者、销售者的产品质量责任和义务、损害赔偿、罚则和附则，共六章七十四条。

该法明确国家对产品质量实行以抽查为主要方式的监督检查制度，并要求生产者、销售者应当建立健全内部产品质量管理制度，严格实施岗位质量规范、质量责任以及相应的考核办法。其中，规定生产者应当对其生产的产品质量负责，产品质量应当符合要求。包括：首先，不存在危及人身、财产安全的不合理的危险，有保障人体健康和人身、财产安全的国家标准、行业标准的，应当符合该标准；第二，具备产品应当具备的使用性能，但是，对产品存在使用性能的瑕疵作出说明的除外；第三，符合在产品或者其包装上注明采用的产品标准，符合以产品说明、实物样品等方式表明的质量状况。此外，还规定生产者不得生产国家明令淘汰的产品，不得伪造产地，不得伪造或者冒用他人的厂名、厂址，不得伪造或者冒用认证标志等质量标志，不得掺杂、掺假，不得以假充真、以次充好，不得以不合格产品冒充合格产品，等等。

2.《中华人民共和国标准化法》

该法于 1988 年颁布。其立法宗旨是为了发展社会主义市场经济，促进技术进步，改进产品质量，提高社会经济效益，维护国家和人民的利益。标准化法规定：企业生产的产品应符合标准化要求，没有国家标准和行业标准的，应当制定企业标准，作为组织生产的依据，并报当地政府标准化行政主管部门和有关行政主管部门备案；已有国家标准或者行业标准的，国家鼓励企业制定严于国家标准或者行业标准的企业产品标准，在企业内部适用；强制性标准，必须执行。不符合强制性标准的产品，不得生产、销售和进口。

3.《中华人民共和国计量法》

该法于 1985 年颁布，2013 年修订。其立法宗旨是为了加强计量监督管理，保障国家计量单位制的统一和量值的准确可靠，促进经济建设、科学技术和社会的发展，维护社会经济秩序和公民、法人或者其他组织的合法利益。《计量法》规定：企业、事业单位根据需要，可以建立本单位使用的计量标准器具，其各项最高计量标准器具经有关人民政府计量行政部门主持考核合格后使用；各单位使用的最高计量标准器具，以及用于贸易结算、安全防护、医疗卫生、环境监测方面的列入强制检定目录的工作计量器具，实行强制检定；未按照规定申请检定或者检定不合格的，不得使用；其他计量标准器具和工作计量器具，使用单位也应当自行定期检定或者送其他计量检定机构检定。

（二）其他法律法规

除国家法律外，国务院、国家各部委办、各地方人大、政府也制定有相关质量法规、规章。例如，根据《产品质量法》及其他有关法律法规，上海市于 2010 年起开始对 1994 年颁布的《上海市产品质量监督条例》进行修改。2012 年 4 月 19 日，上海市第十三届人大常委会第三十三次会议审议通过了《上海市产品质量条例》（以下简称《条例》），并于 2012 年 9 月 1 日起正式实施。《条例》除明确了调整的对象、主体及产品质量责任外，还规定了质量促进内容，鼓励企业采用先进的科学技术和科学的质量管理方法，密切跟踪国际先进技术，积极采用新技术、新工艺、新材料，加快新产品开发和科研成果的转化，将技术进步和技术改造与提高产品质量相结合，引进先进生产技术与引进先进检测手段相配套，鼓励推动自主品牌建设。《条例》要求，市和区县人民政府建立健全质量奖励制度，对质量管理先进和产品质量达到国际先进水平、成绩显著的单位和个人，以及为产品质量检验检测技术研究做出突出贡献的单位和个人，给予表彰和奖励。

三、企业质量制度

企业作为一个社会单元，其运行同样需要内部的制度。企业内部应建立和保持系统、充分、适用和有效的制度，以确保产品质量符合要求。企业内部制度规范化有助于企业提高管理水平，提高企业管理的有效性，确保产品质量的稳定和提高。

需要注意的是，企业内部制度必须同企业内外部环境变化相联系，即与法律法规保持一致。当环境发生变化，企业的制度也应同时调整以适应环境的变化。例如，2013 年，国家质检总局发布了《家用汽车产品修理、更换、退货责任规定》，汽车行业面临的外部环境发生了重大变化，企业的内部制度就应该进行相应调整，以适应新的环境要求，这是生存法则。上海通用汽车公司为此调整了企业内部制度达 138 项。

质量从业人员是提高质量水平的最有活力因素和关键所在，企业职工在质量工作中都应遵守相关行为准则和有关要求，并应在企业的制度中予以规定，包括：

（1）行为准则：坚持党的基本路线，坚持四项基本原则，愿意为全面提高质量、提高质量管理水平做出贡献；诚实、公正、全心全意地为企业、顾客和公众服务，充分运用自己的知识和技能，切实增进产品的安全性和可靠性；加强社会主义法制观念，维护国家利益和广大人民群众的根本利益。

（2）专业能力：在重要质量特性测量、关键过程控制、质量管理体系审核时能够进行客观、正确地评价；能够掌握进货检验、过程检验和最终检验的方法并有效实施；在质量管理体系建立、实施、保持和改进，对产品开发和产品质量改进等方面能够具体参与或提供建议。

（3）道德规范：在专业领域内，忠实地代表每一家企业或每一个顾客的利益；事关与自身有商业联系、商业利益，以及在可能影响其判断或服务公正性的情况，要向企业或顾客如实说明情况；在未经许可的情况下，不泄露与顾客（包括过去的和现在的顾客）有关的任何商业或技术信息；没有得到有关各方面的同意，对同一服务不得接受一方以上的报酬，如果被聘或受雇，未得到聘用企业、组织或雇主的同意，不得进行另外的咨询服务；努力帮助其他质量从业人员在专业上不断成长和提高，不进行不公平竞争，与所有的同行或有业务往来的人士发展友好关系，增进信任程度。

第二章 现场质量管理

第一节 概 述

一、基本概念

1. 现场

广义上，凡是企业用来从事生产经营服务的场所，都称为现场，如厂房、车间、仓库、运输线路、办公室以及营销场所。企业的每一个部门和场所，都与满足顾客需求、创造价值有着密切的联系，从产品的设计开发到生产销售，以及支持和管理这些的过程都是现场。

狭义上，现场是指企业内部直接从事生产服务或辅助这些活动的场所，以制造业为例，人们常说的现场，一般是指生产制造现场。本书所述的现场质量管理的范围，只含狭义上的生产制造现场。

2. 现场的重要性

现场是为企业创造价值的场所，企业的主要生产经营服务活动都是在现场完成的。现场也是企业管理活动的缩影，是企业活动最活跃的地方，它能提供大量的生产和管理信息，也是问题产生和发现的关键场所，还能及时反映出员工的思想动态。现场也是企业的“名片”，是企业形象的集中体现，很难想象，一个人员慵懒、现场脏乱差、设备跑冒滴漏的生产制造场所能够为市场和顾客提供高质量的产品。因此，现场管理，尤其是现场质量管理是制造型企业管理的基础，关系到企业的生存和发展。

3. 现场质量管理

现场质量管理是指把生产工作现场影响产品和服务质量的有关因素，

主要是人、机、料、法、环、信、测等组织、协调和管理起来，以最高效率，用最经济的手段，提供出符合标准和规范的产品和服务的所有质量管理工作。

现场质量管理主要包括现场质量策划、现场质量控制和现场质量改进。

现场质量策划：为实现现场质量目标做准备的过程。主要是制造过程策划，包括制造计划、生产计划和各类工艺策划等。主要由管理人员进行。

现场质量控制：在制造过程中实现现场质量目标。现场质量控制对象包括人、机、料、法、环、信、测等。一般就控制对象，设定控制目标，实时监视和测量，针对差异采取措施等内容。

现场质量改进：通过评价和分析，识别改进机会，采取纠正措施、预防措施和改进措施，以持续不断地改进取得前所未有的绩效水平。

二、现场质量管理的目标

任何管理活动都应该有正确的目标导向，按照现场质量管理的定义，现场质量管理的目标是：确保质量、按期交货、安全生产、控制成本、队伍培育，见表 2－1。

表 2－1　现场质量管理的目标

目标	内　容
质量	产品或服务质量符合标准和规范的要求，过程稳定受控，实现过程质量目标
交期	提高劳动生产效率，按质按量按期完成生产计划，不断提高交货响应速度
安全	确保员工生产作业健康安全，确保生产场所设备设施和财产安全
成本	提高物料、能源、装备的综合利用效率，减少和消灭各种浪费
队伍	激励员工生产作业和现场改进的主动性，培育高素质、高技能、复合型有道德的职工队伍

现场质量管理的目标是一个整体，相互关联相互支撑，是不可或缺的。

三、现场质量管理的对象

如前所述，影响现场质量管理结果的主要因素包括：人、机、料、法、环、信、测七个方面。这七个因素相互作用，相互交错，共同作用于事物的结果，在开展现场质量管理活动中需要全面把握这七个因素的影响。同时，根据“二八法则”找到关键的少数（因素），突出重点加以管理控制，通过控制过程因素，确保过程结果，确保产品质量。

1. 人（man/manpower）

指人员/人力资源，人是各种因素中最活跃、最关键的因素。所有的产品和服务是由人提供和为人提供的，因此，“以人为本”是最基本的现场管理要求。人员的因素，既包括员工的质量意识、主动参与质量管理的态度、操作熟练程度和改进的质量能力，也包括人员的生产力组织与合理安排、人力资源的配置与实现目标的适应程度，更重要的还应关注内外部顾客的需求和这些需求的发展趋势。

2. 机（machine）

指机器设备，包括设施和工具，是提供产品和服务的基础物质条件。所有的产品和服务都需要一定的工具和设施来加工生产和提供，尤其是先进制造业，产品质量是依靠设备装备得以保证的，是生产力的支柱。机的因素一般包括设备设施的性能（精度与能力）、可靠性、可用性、经济性等。

3. 料（material）

指物料、半成品、配件等加工对象，它们是提供符合质量要求产品的先决条件，“巧妇难为无米之炊”就是这个道理，材料或加工对象不合格，往往导致产品的不合格。料的因素一般包括质量的理化特性、数量、供应、贮存、标识等。

4. 法（method）

指生产作业或服务的方法，这是高效、经济、稳定提供产品或服务的关键。法的因素包括工艺流程、工艺方法、操作规程、控制方法、检测方法、服务程序、服务方法等技术方法，也包括管理制度、管理规定、管理要求等管理方法。

5. 环（environment）

指环境，是关系产品服务质量的外在影响因素。广义的环境因素应当包括自然环境、社会环境、人文环境和生产作业的现场环境，自然资源的制约、地理位置的优劣、法律法规以及制度政策导向、竞争的市场环境和对手的表现、顾客和消费者的意愿、民族禀赋和企业文化、现场作业环境等，都会直接或间接影响现场质量管理目标的实现。本章介绍的环境因素管理，则是侧重于作业现场环境的管理，即对直接影响产品质量的工作环境因素的控制，如：湿度、温度、清洁度、照度等因素的控制。

6. 信（information）

指信息，是对产品与服务质量的实现和提升具有决定性作用的因素。企业内部过程与过程之间、部门与部门之间的链接，必须通过顺畅的信息传递得以实现。现场管理中的信息应该准确可靠、完整充分、及时可读，并有安全保密措施。

7. 测（measurement）

指测量，是所有工作环节不可或缺的必备因素。管理大师德鲁克曾经说过“不能测量的东西是不能被管理的”，监视和测量既是“埋头拉车、抬头看路”朝着目标修正方向、反馈控制的必要环节，更是质量管理最基础的技术支撑。影响测量的关键因素是测量系统的再现性和重复性，包括采用的测量方法是否标准统一，测量器具和测量人员的测量误差等。

四、现场质量管理的内容

现场质量管理是一个系统，是对“人、机、料、法、环、信、测”各要素进行组合管理，实现质量、交期、安全、成本、队伍五大目标的系统管理。各种工作互相作用，各种因素互相影响，各种方法互相交错。例如，现场5S（5S包括整理、整顿、清扫、清洁和素养。其要点包括三要素，场所、方法和标识；三定原则：定点、定品、定量；三安原则：人员安全、生产安全和物品安全）既关系安全、确保质量，又能减少浪费、降低成本，还能提高员工的队伍素质；全面规范化生产维护（TnPM），既保障产品质量、生产安全，又能提高效率确保交货期和降低成本，也是对员工素质提升的促进。因此，现场质量管理是综合的管理，既有一致的目标、基本的方法、管理的基础，也有各项专业管理的特别要求和方法。这些工作都做好了，相互支撑才能提高效率，实现现场质量管理的目标。

现场质量管理按照朱兰提出的质量管理三部曲来划分，包括现场的质量策划、质量控制和质量改进。也有人根据现场质量管理体系要素提出：目标是引领，质量教育、目标管理、标准化、计量、质量信息管理是基础，PDCA循环是基本方法，人力资源管理和全面生产维护是两大支柱，八项专业管理工作是具体管理内容，持续业绩改进是永恒主题的模块化现场质量管理体系，见图2－1。

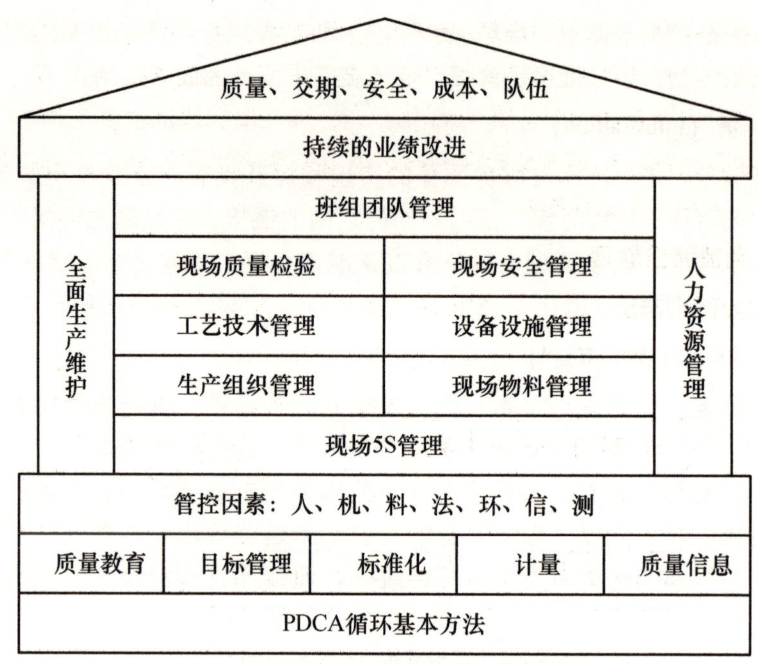

图2－1　模块化的现场质量管理体系结构示意图

第二节　现场质量管理的基本原理和方法

现场质量管理包括质量策划、质量控制、质量改进三个过程。现场质量管理的方法有很多，比如统计过程控制（SPC）、PDCA 循环、失效模式与影响分析法（FMEA）、5S、6σ 等。现场质量管理需遵循的基本原理和原则，诸如，过程的波动性原理、反馈调整原理等，以及三现原则、变化点管理原则、目视管理原则、关键的少数原则和 5W1H 原则等。本节摘要阐述这些基本方法和通用的原理原则，现场质量管理有关质量三部曲和 PDCA 循环以及其他相关内容详见第一章和第五章。

一、现场质量管理的基本原理及原则

1. 过程的波动原理

波动是客观存在的。它存在于任何事物中。世界上没有任何两个实体具有相同的测量特性值。任何事物都是某些过程的结果，因此输出结果的

波动来源于这些过程。原材料的输入也是之前某个过程的输出，因此它们也是波动的。影响波动的因素很多，主要包括人、机、料、法、环、信、测。波动可以由系统因素或偶然因素引起。只有找到波动的真正原因，才能采取纠正措施。现场质量管理任务之一就是要将过程波动的程度控制在可接受的水平，并持续提高。

2. 反馈调整原理

质量控制是通过运用反馈回路来实现的。反馈回路的一般形式如图2－2所示。

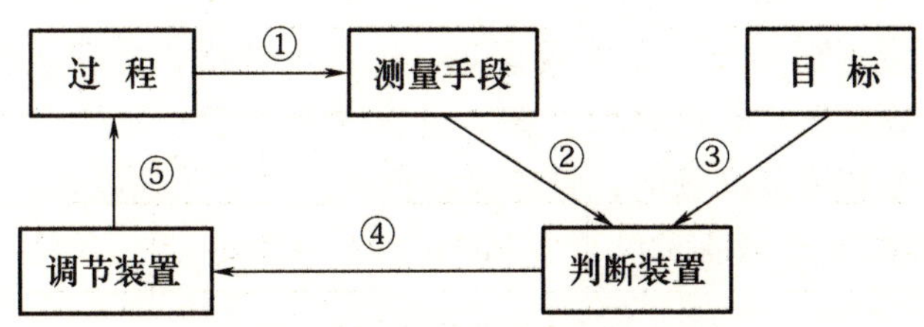

图2－2　质量反馈控制系统机制图

反馈回路具有普遍意义，它对质量控制中的任何问题都是至关重要的。

【案例1】 某化工装置工艺参数要求：反应温度（80±1）℃（以此为例，实际还会有其他指标）。反应装置系蒸气加热、夹套保温系统，由热电偶温度测量系统控制反应温度。反应装置示意图参见图2－3。

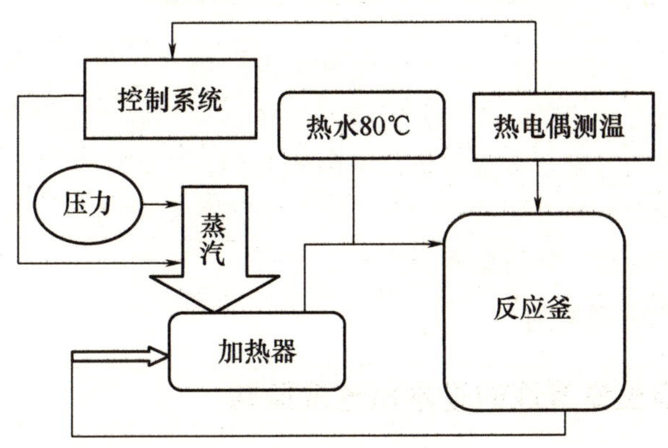

图2－3　反应装置示意图

化工装置正常运行时，由热电偶测量釜内实际温度，比如78℃。此时仪表系统会同工艺要求控制目标比对，温度低2℃，立即反馈给控制系统，由控制系统进行调节，调节蒸气进气量和压力（温度），直至温度正常。再如温度为82℃，高2℃，反馈给控制系统，调节蒸气进气量和压力（温度），直至温度正常。

在生产及服务过程中，存在着大量的、类似本案例的反应温度和蒸气流量及压力等过程参数，这些参数直接影响产品的质量。只有根据过程控制要求，由自动化系统或人工予以控制，才能使过程处于稳定状态。操作人员要按要求定期记录相关工艺参数，并至现场巡检，发现异常及时报告并采取措施。

3. “三现”原则

现场质量管理突出的是重视现场，让现场说话，一切从现场实际出发，针对现场实况，迅速采取对策，遵循的是“三现”原则。所谓“三现”原则，是指发现问题时，管理者和技术人员应迅速抵达“现场”，亲自确认“现物”，认真探究“现实”，如图2－4所示。

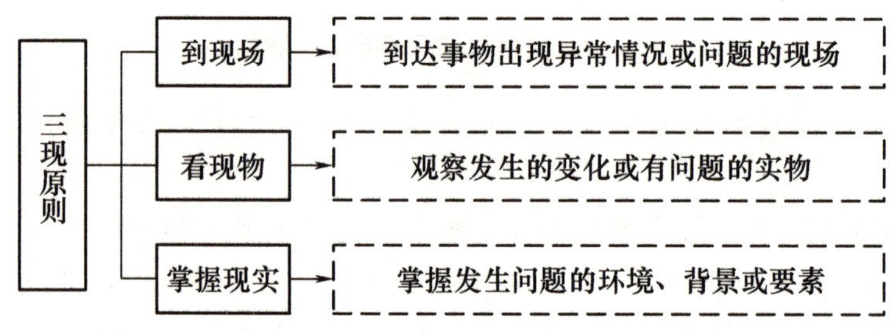

图2－4　“三现”原则的要素

“三现”原则是针对“从理论角度思考问题、从感觉上寻找解决问题方法”的现状提出来的。“三现”原则的核心是要确立服务现场、支持现场、培训现场的态度，尊重现场、不脱离实际、在现场解决问题，是提高现场质量管理水平的重要前提。“三现”原则的实施方法，可以包括现场巡视、站立式会议、停线警报等。

4. 变化点管理原则

变化是事物发展的客观规律，而在变化中往往也是冲突与矛盾的触发点。社会发展改革是这样，生产制造过程控制也是这样，种种的不适应都会最终体现在质量、交期、安全、成本和队伍建设方面。新产品、新标准、新装备、新工艺、新材料、新环境、新人员，都会影响原有现场管理的平衡，质量问题、事故、故障、损失往往就会在这个时候发生，这就要求现场质量管理具有灵活性，敏捷地应对事物的变化。

变化点管理是现场管理中的重要内容，其目的是预见性地发现问题，在事故、故障和损失发生之前主动采取预防性的改善行动。凡是人员与岗位发生变化，产品和产品要求发生变化，设备装备与工具发生变化，工艺和操作方法发生变化，物料配件发生变化，工作环境甚至天气发生变化，总之原有的生产作业现场一切因素发生任何一点的变化，都需要进行变化点的管理。变化点管理的一般步骤和要求是：

（1）识别变化点，评估风险；

（2）针对影响因素策划预防控制措施；

（3）告知（相关人员）变化点和对策措施；

（4）加密现场指导、现场检查、质量检验频次，验证变化点管理措施的有效性；

（5）必要时，将变化点管理措施充实到相关标准。

5. 目视管理原则

目视管理是指利用各种形象直观、色彩适宜的视觉感知信号来组织现场生产和质量管理活动，以达到提高效率目的的一种管理方法。它以视觉信号为基本手段，以公开透明为基本原则，尽可能把管理者的要求和现场的实际情况让大家"看得见"，所以又被称为"可视化管理"或"看得见的管理"。

目视管理的主要作用包括：迅速便捷地传递管理信息，提高工作效率；形象直观地显示存在的问题；体现管理的客观、公正、透明，有助于全员主动参与；将生产作业现场的所有事物加以标准化；促进企业文化培育和良好团队氛围的形成。现场目视管理的主要内容可包括：

（1）规章制度和工作标准的公开化；

（2）作业方法、操作规程的图示化；

（3）生产任务、目标指标完成情况的图表化；

（4）定置管理的标准化；

（5）生产作业过程控制的形象直观和便利化；

（6）物品码放和运送的规则化；

（7）人员分类着装的标识化等。

推行目视管理要防止搞形式主义，坚持一切从现场的实际出发，有重点、有目的、有计划地开展，做到"统一、简约、鲜明、实用、严格"的基本要求，把握三个基本原则：一是视觉化，通过视觉化信息和工具，使管理内容与要求让人看得见；二是透明化，需要让大家看到的问题暴露出来；三是界限化，标识出正常与异常的情况，让所有的人一目了然。

6. 抓住关键少数的原则

现场管理中影响产品质量、交货期、安全、成本和队伍培育结果的因素很多，但只有少数的几个是关键的因素，例如“冲压件加工的关键因素是模具”“20% 的顾客为企业带来 80% 的利润”等等，抓住了关键的少数就抓住了事物的本质，才能突出重点，集中精力提高管理效率。这就是著名的“二八法则”。

“二八法则”是在 1897 年由意大利经济学家帕累托发现的，他在对社会各阶层的财富和收益统计分析时发现：80% 的社会财富集中在 20% 的人手里，而 80% 的人只拥有社会财富的 20%，这就是“二八法则”。“二八法则”反映了一种不平衡性，指出了在原因和结果、投入和产出、努力和报酬之间存在这样一种典型的不平衡现象：80% 的成绩，归功于 20% 的努力；市场上 80% 的产品可能是 20% 的企业生产的等等。

遵循“二八法则”能让我们抓住关键的少数，在工作中避免“胡子眉毛一把抓”，而是通过抓住关键人员、关键环节、关键用户、关键项目、关键岗位，达到事半功倍的效果。

7. 5W1H 原则

现场质量管理中常常会碰到一些不能通过数据分析找到问题原因的情况，此时，就要学会应用 5W1H 分析方法，将隐藏的质量问题清晰地摆在员工的面前，这是现场管理解决问题的原则。该原则或者方法也称“六何分析法”（何事、何时、何地、何人、何因、何法），5W 是在 1932 年由美国政治学家拉斯维尔最早提出的一套传播模式，后经过人们的不断运用和总结，逐步形成了一套 5W1H 模式。

在现场管理中运用 5W1H 分析法时，要突出“是什么？为什么？怎么做才能做得更好？”这三个问题，一般要根据以下要求进行：

What——用来明确质量问题的内容；

Where——用来明确质量问题的发生场所；

When——用来明确质量问题发生的时间；

Who——用来明确质量问题的责任人或机器；

Why——用来明确质量问题的原因；

How——用来明确解决质量问题的具体措施和方法。

注：反复提问五次以上，以找到问题的根本原因，可以实施改进措施为止。

在运用 5W1H 分析法解决质量问题时，无论对何种工作、工序、动作、布局、时间、地点等，都可以运用“取消、合并、改变和简化”四种技巧进行分析，形成一个新的人、物、场所结合的新概念和新方法。见图

2－5 和表 2－2。

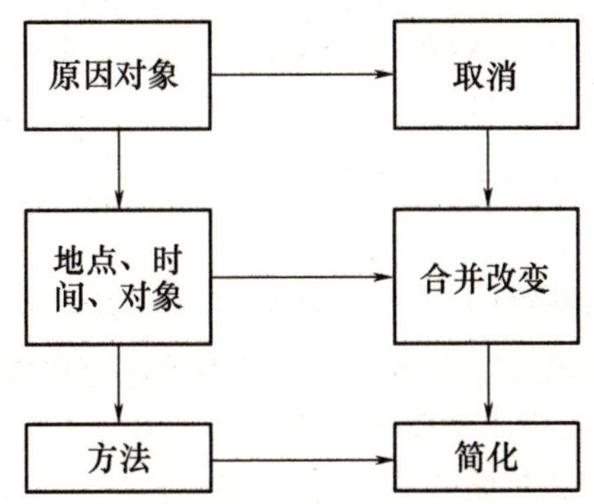

图 2－5　解决问题四个技巧示意图

表 2－2　现场解决问题提高效率的四个方法

技巧名称	内　容
取消	看能不能排除某道工序、某项工作或某个动作，如果可以就取消这道工序、工作或动作
合并	看能不能把几道工序或几项工作合并，如果可以就合并起来一起做
改变	看能不能改变一下工序或工作的顺序，改变了能提高效率就立即改变
简化	将复杂的工艺、工作、动作变得简单一点

二、现场质量管理的基本方法

基本方法是指适用于所有管理对象、工作事项具有普遍意义的科学方法。本节介绍一下改进的 PDCA，即强调 P 阶段中的调查研究和目标设定活动的 RG－PDCA 循环的含义以及和质量三部曲的关系（可参见第一章第三节和第五章第一节）见图 2－6。

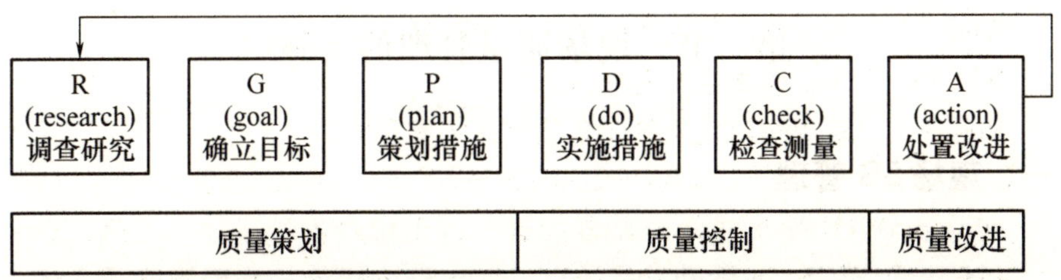

图 2－6　质量三部曲与 RG－PDCA 循环关系示意图

现场质量管理中，无论是要实现质量、交期、安全、成本、队伍的管理目标，还是对实现这些目标的影响因素（人机料法环信测）的控制，每一项都可以采用 RG－PDCA 循环的方法进行管理，甚至是做每一件最细小的工作。RG－PDCA 方法强调要避免出现策划缺少调查研究、做事情目标不明确、对策措施与实现目标的关系结合程度不好等情况的发生。其中 RG－PDCA 中 R 和 G 两个环节的具体要求包括：

1. 调查研究（research）

调查研究的目的是为了选择做正确的事情，调查研究的内容应当包括但不限于：

（1）顾客和相关方的要求；

（2）组织的资源和能力条件限制；

（3）竞争对手或标杆的表现与实践；

（4）组织以往的业绩水平和知识；

（5）未来发展变化的趋势。

2. 确立目标（goal）

确立目标是为了清晰做事情要达到的目的，是行动的导向与激励，也是监控做事情结果的依据，确立目标时应当满足：

（1）目标是明确的、可测量评价的、可实现的和有时间限定的，以及需要顾及目标之间的相关性，这就是目标策划的 SMART 原则；

（2）目标应当具有先进引领作用；

（3）目标确定后不能轻易修改，除非环境等因素发生变化；

（4）修订调整目标必须重新开始 RG－PDCA 循环；

（5）目标实现后接着提出新的目标。

质量三部曲的 RG－PDCA 方法适用于任何的工作和管理过程。RG－PDCA 更加强调选择做正确事情的重要性，以及怎样把事情做正确的相互逻辑关系。

第三节　现场质量管理的实施

一、现场 5S 管理

5S 管理，又称 5S 活动，是源自日本丰田公司的一种现场管理方法，指在生产现场对人员、机器、材料、方法等生产要素进行有效管理的一种方法，形成于1955年，多年来已经从生产制造现场扩展到广义的现场，从制造业扩展到服务业和社会生活的各个领域，在许多国家得到了广泛的推广和应用。5S的含义和活动目标内容见表2－3。

表2－3　5S活动的内容与目标

内容	含　义	目　标
整理	区分清理，明确区分要用的和不用的物品，把不用的或过多数量的物品清除出现场，以免妨碍工作，浪费场地	没有无用物品、没有多余的物品； 尽可能减少原料、半成品和产成品数量
整顿	定置标识，研究需用物品的取用方法，合理安排所需物品的摆放位置，并根据需要恰当标识，防止误用和取用省时省力	所有人都能快速找到需用物品； 所有人都能及时发现物品缺失
清扫	清洁工作场所，对设备、工具、用品进行彻底的清洁养护，对工作场所进行全面打扫，查找并消除脏污的源头	现场无垃圾、灰尘、污垢； 设备无跑冒滴漏，外表“漆见本色铁见光”； 设备、设施、工具、用品等整洁完好
清洁	创造舒适环境，持续不断地坚持整理、整顿、清扫，保持现场整洁，进行规范和约定，实施现场目视管理	工作环境明亮、有序、舒适； 现场管理达到“一目了然”的状态
素养	约束习惯，通过外在的规范约束和内在的文化自觉约束，提高员工素养	养成自觉遵守规章制度，标准化作业的好习惯； 现场5S及持续改善成为员工自觉行为

5S活动的理论比较简单，重要的是行动。知道再多，拥有再丰富的学识，没有行动或者无法付诸行动的知识或技术，不具任何意义，知道不如做到，成功是靠行动去实现的。5S活动，没有轻松安逸的方法，就是需要从简单的事情做起，亲自用手去触摸、用眼睛去感受变化，发现问题并作改善，坚持不懈，成为“五常”活动，付出努力，才能真正认识5S，取得良好的效果。

5S活动是一个不断递进的整体，从对场所和物品的形式化管理，递进到对人的素养的行为规范管理，从基本行为的要求，到效率化和常态化的活动。5个“S”之间的关系见图2－7和图2－8。

5S活动的最大功效是能事半功倍地减少或消除无效劳动和损耗，通过改善现场环境、消除人身及生产、服务过程中的事故隐患，保障安全，鼓舞士气，提升形象，引导员工养成良好的行为习惯，直接或间接地促进生产、服务效率的提升，经营管理业绩的实现。

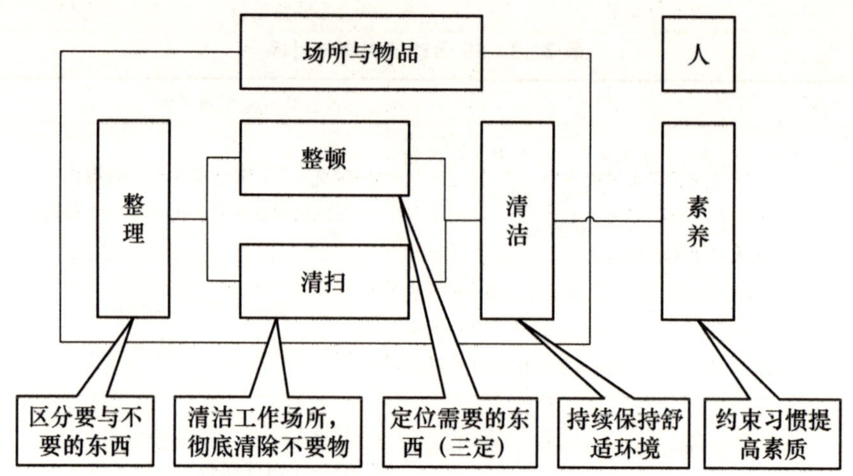

图2-7　5S模型

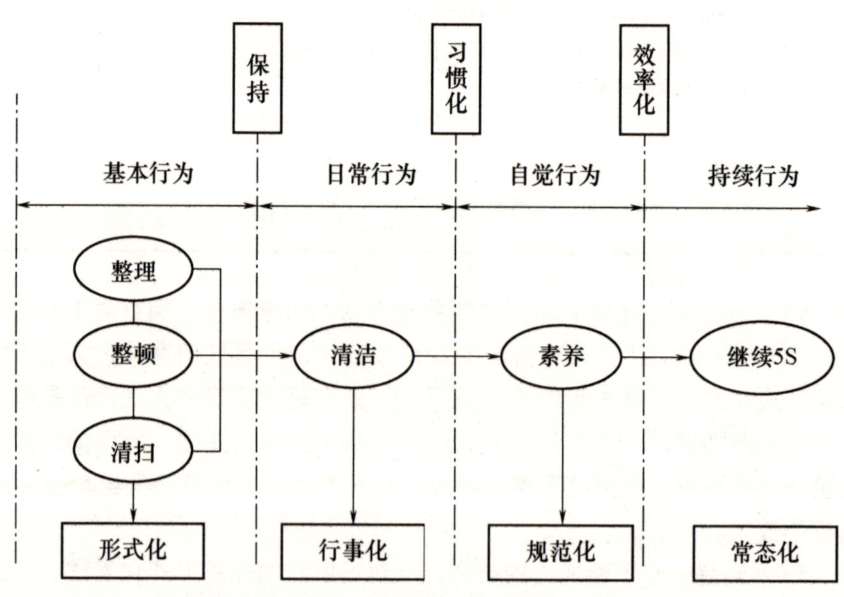

图2-8　5S相互关系图

5S活动实施的内容要求和步骤方法见表2－4。

表2－4　5S活动的要求与方法

5S	内容与要求	推进重点与步骤	实施技巧
整理	清理现场被无用物占用的地方，腾出空间保证作业场所的宽敞整洁	1. 制定“必需品”和“非必需品”的判别准则，并区分现场必需品和非必需品； 2. 制定废弃物处置办法，全面检查自己的工作场所，非必需物品应立即处置； 3. 对需要的物品调查使用频度与数量，决定放置位置； 4. 每日自我循环整理	红牌作战； 定点摄影； “寻宝”活动
整顿	合理规划现场空间，安顿好现场每一件物品，做好标识让所有人明白，将寻找物品的时间减少到零，有物品丢失损坏能马上发现	1. 整顿三要素： ——场所：明确物品放置场所； ——方法：决定物品放置方法； ——标识：任何物品标出名称、规格等参数。 2. 整顿三定： ——定点：在规定区域放置，充分利用空间； ——定品：物品指定区域放置，便于取用和先进先出； ——定量：确定放置数量，能目视看出数量。 3. 划线定位确定； 4. 物品在规定场所放置并标识	目视管理 看板管理 定置管理
清扫	消除工作现场、设备、物品各处所有的脏污，消除污染源防止污染再发生，早期发现设备异常避免事故和伤害	1. 建立清扫责任区（室内外），决定清扫方法； 2. 准备合适清扫工具，执行例行清扫； 3. 调查污染源，采取措施杜绝或隔离； 4. 建立清扫标准，形成规范并对清扫进行检查	“洗澡”活动 油漆大战 示范区 点检表

续表

5S	内容与要求	推进重点与步骤	实施技巧
清洁	美化工作环境，总结检查整理、整顿、清扫的做法，纳入制度和规范，由突击运动转化为日常工作	1. 明确清洁的标准，达到干净、高效、安全的要求； 2. 使环境美化协调，用明亮和谐的色彩营造氛围； 3. 形成检查标准，并由领导带队经常进行巡查； 4. 制定奖惩制度和考核办法，严格按标准执行	作业标准化 QC 活动方法 目标管理
素养	通过培训、宣传、教育、激励等方法，将外在的管理要求转化为员工的自身习惯和自觉行动，提高员工的道德品质，持续开展5S 活动	1. 完善员工守则、礼仪和行为规范，长期坚持； 2. 推动各种素质提升活动（班前会、礼貌运动等）； 3. 教育培训（新进人员强化5S 教育与实践）； 4. 不间断的5S 活动； 5. 形成5S 活动的长效机制（如每周五、每月5 日、每年5 月份的5S 活动日、活动月，分别解决重点问题）	班前会 合理化建议 目视管理月 红牌作战 征文活动 QC 小组活动

现场推进5S 活动的方法很多，有些方法适合建立长效管理机制，如目标管理、标准化管理、目视管理、群众性质量改进活动（QC 小组活动等），有些与 5S 活动紧密结合，密不可分，如全面规范化生产维护（TnPM）、现场安全管理、现场物料管理等等。下面介绍七个属于开展5S 活动的特有具体方法。

1. 物品区分

在整理阶段需要对物品的“要”与“不要”作出判断，这就要建立判断的准则。整理不是扔东西，通过整理，从现场清理出来的不要物，并不都是废品，只是在现场不是必需物品，应妥善处理这些不需品。可参照表 2－5 提供的准则，制定本企业本部门必需品的判断方法。

表 2－5　生产作业现场必需品的判断与处置方法

常用程度	使用频率	处置方法
高	1. 每小时使用的物品 2. 每天都使用的物品 3. 每周都使用的物品	就近摆放在操作工位附近或随身携带

续表

常用程度	使用频率	处置方法
中	1. 一个月左右使用一次的物品 2. 过去2~6个月只使用一次的物品	作业现场内集中摆放
低	1. 在过去7~12个月仅一次或可能使用的物品 2. 过去一年都没有使用过的物品	存放在稍远的处所
	3. 不能用或不再用的物品	撤离或丢弃

注：实际操作中，应根据现场空间和便于整顿清扫的原则，灵活确定判断处置方法。

2. 示范区

所谓示范区，是指将5S的整理、整顿、清扫阶段进行整合，选择有代表性的部位或班组，重点推进，指导先试先行，快速地展示效果，树立样板标杆，鼓励员工信心和积极性的一种有效方法。这一方法也能在后续的清洁、素养阶段运用。

3. 红牌作战

所谓红牌作战，是指将设计好填写相关信息的红色标签，贴在不要物或现场脏污点上，让员工明白问题积极地去改，从而达到推动促进作用，是目视管理的一种。采用这个方法之前，5S管理部门需要设计印制“红牌”，填写的信息应该有：区域地点或设备名称编号、日期、红牌编号、问题描述、贴牌人。需要教育动员，让员工认识红牌活动推进的意义，以开放的心态接受大家提出的问题，积极地举一反三地去整改。红牌活动中，需要对贴出去的红牌进行登记，以便跟踪确认和督促整改。整改完成后应经过检查摘牌，并在问题清单上记录。定期统计公布红牌活动情况，统计展示相关数据。红牌作战不宜过于频繁，一个月一次为宜，给红牌整改时间。并且红牌不应作为一种处罚形式，避免与考核挂钩。

4. 定点摄影

定点摄影是指从相同的位置、同样的高度、同样的方向，用同样的相机（镜头），对同样的物体进行间隔（一般为一周）摄影，以便清晰地公告比对改善过程中的状况，让员工知道改善的对象、要求、进度，是5S活动中常用的一种方法，可以运用到5S活动的各个阶段。采用这个方法要注意循序渐进，每次在一个车间或仓库，选择一到二个不符合5S要求的区域进行摄影，将拍摄好的照片交5S活动小组共同讨论，确定照片中需要改善的内容，标注后贴在公告栏内，并贴红牌，让全体员工监督其自我改善；一周后公布改善效果的照片；对整改出色的区域部位，在宣传栏公布对比照片，激发全员改善的热情；对没有达到整改要求的，可予以通报批评。

5. “洗澡”活动

“洗澡”活动是在清扫初期对现场进行的一次彻底的大扫除。“洗澡”活动能给人耳目一新的感觉，提升员工的积极性。“洗澡”活动要彻底清除盲区的垃圾，并建立重点清扫清洁区域的清册，制定清扫频次，对漏水、漏油、漏气甚至漏电的点进行修复，对污染源采取预防措施；对所有脱漆的地面、旧设备、工具柜等进行刷漆翻新处理，并采取必要的防护措施。表 2－6 给出了清扫标准和制度的示例。

表 2－6　现场清扫标准与管理制度

对象	清扫要点与方法	工具	清扫标准与要求	周期	清扫时间	责任人
现场	1. 通道、地面清扫 2. 工作台、椅自行抹擦 3. 通风口铲垢 4. 配管配线抹擦 5. 开关：关电后抹擦 6. 墙护板、抹擦 7. 天花板抹扫	拖把 抹布 毛巾 刮刀 钢刷 扫把	1. 地面平整、无尘、无杂物遗落 2. 工作台椅无灰尘、物品摆放整洁 3. 通风口、配管配线无污渍、积灰，标志清晰 4. 开关板清洁、标识清晰 5. 墙护板清洁无抹痕 6. 灯管灯罩明亮，虫网洁净无污垢	每周一次，其中1、2点还需每天5分钟清扫	每周五下午4：30到5：00	责任区全体员工
机械设备	（略）					
外围绿化带	（略）					

6. 油漆大战

油漆大战主要适用于清扫活动，在清扫阶段，通常的做法是搞一次彻底的清扫，把看得见和看不见的地方都清扫干净。但是这样做往往还不够，只有实施油漆大战才能彻底改变现场面貌。实施油漆大战前，应进行详尽的规划，制定方案与标准，进行区域通道的规划、不同场合（场地）的颜色标准、各种标线（警戒线、定置线、人员行走通道线等）标志的标准的制定。同时，可以组织示范试点。在实施油漆大战前，应确保已经彻底清理了设备、地面、墙面上的脏污，治理好了污染源。油漆大战中，要注意防火和作业安全。

7. 定置管理

定置即对生产现场、人、物进行作业分析和动作分析研究，使对象物按生产需要、工艺要求而科学地固定在场所的特定位置上，以达到物与场所的有效结合，缩短人取物的时间，消除人的重复动作，促进人与物的有效结合的一种管理方法。定置管理的工作步骤一般为：分析人、物结合状态，分析物流与信息流，设计定置图，设计信息媒介物（符号、标志、版图等），实施定置，检查与考核。定置的对象可包括：车间布置、办公室布置、仓库布置、工具箱物品摆放、文件与资料柜摆放等。定置管理应与防差错管理相结合。

5S 活动是现场质量管理中改进工作环境和提高工效的重要手段。但是，它并不能完全替代影响产品质量的工作环境因素的控制。企业需系统分析工作环境因素，对诸如温度、湿度、气流、清洁度、振动等因素予以控制。

二、生产组织管理

现场生产组织管理是指按照企业的生产指令，对本生产单元内的生产力，包括设备、人员、信息、场地、技术能力等要素进行组合，高效按质完成生产制造或服务的活动。生产组织管理的主要目标是按期交货，提高生产作业效率，并防止停工待料、不均衡生产和增加在制品库存，以及生产组织引起的质量波动，甚至影响交货期等情况的发生。现场生产组织管理的工作内容一般包括：

（1）分解生产计划，制定标准工时，做好产能管理，形成设备、人员、进度等实施计划；

（2）明确物料需求，根据生产实施计划，形成物料要货计划，组织备料；

（3）作业排序，按照交货期、生产进度、生产能力进行均衡生产规划，改善短板；

（4）生产准备，生产前的技术、物料、工机具准备，尤其要关注变化点的预控；

（5）插单安排，全力组织应急要货生产，改进生产技术，缩短生产周期；

（6）监控计划执行，动态跟踪计划实施情况，处理紧急事项，消除生产中的浪费；

（7）交期管理，分解交货进度，控制关键点的生产进度，确保按期交货。

三、现场物料管理

现场物料是指完成生产或服务所需的原材料、零部件、半成品、成品等各种物品的总称。物料作为生产制造（服务）的基本组成要素，来源广泛，品种繁多，这些物料往往直接关系到产品的质量，甚至是关键的功能。现场物料管理不善，还容易导致物料堆积、等工待料、延误交货期、影响企业正常的生产和经营的后果。通过科学的物料管理，可以减少生产过程中物料的浪费现象，提高物料的利用率，降低成本，提高生产效率，是企业利润的第二源泉。

1. 物料管理目标

企业的物料管理涉及产品设计开发、采购管理、质量检验、物流规划等领域，现场物料管理的目标主要有以下几个：

（1）适时供应生产所需要的物料，避免停工待料；

（2）合理搬运物料，减少搬运损失；

（3）高效收发物料，提高人员劳动生产率；

（4）控制适当存量，减少库存积压，避免呆料、废料产生，防止损坏、变质；

（5）充分利用空间。

2. 主要管理内容

现场物料管理的主要内容有以下几项：

（1）规范现场领料的流程。要制定领料的基本流程，完善领料的细节，包括：凭领料单领料，抽检上线生产物料的质量，统计分析物料的收、付、存数据，核算物料利用率或损耗率。

（2）运用适当的方法和工具搬运物料。现场物料的搬运应遵循省力化、排除无效搬运、优化路线的三原则。根据搬运物料的原则，选取适当的搬运方法，以提高物流效率、确保安全、节约物流成本；要注意对物流工具的检查保养，以免在搬运过程中发生意外。

（3）对现场物料摆放进行合理规划。

四、工艺技术管理

工艺技术管理的目的是通过控制影响产品质量的制造过程来确保产品

质量。由于产品的工艺设计、装备资源配置、制造对象的物料配件供应均由其他部门决定，再除去现场作业环境的管理已经在5S活动中加以表述，因此本条所述的现场工艺技术管理内容，主要是员工的标准化作业、关键工序的控制和防错法。

1. 标准化作业

人在活动中是容易多变的，生产过程中最不稳定的因素是人。防止人为错误的手段首先就要严格规定人所参与的作业内容和顺序，严格遵守才能避免差错。标准化作业是将生产产品的要求、方法、顺序和作业所应该循序的规则规定下来，严格实施，这是现场管理的科学方法。

作业标准和标准作业有不同的含义，标准化作业包含了标准作业和作业标准两层含义。作业标准是指为了进行标准作业，在各工序中生产出产品设计者所希望的功能和外表而规定的各种技术标准、作业方法和管理条件。例如制造标准、作业点检表、检查指导表、工艺卡片、标准作业票等。标准作业是以作业标准所规定的品质和作业条件为基础，将安全、无浪费的动作，能创造高效率的作业顺序和作业方法规定下来。如图2－9所示。

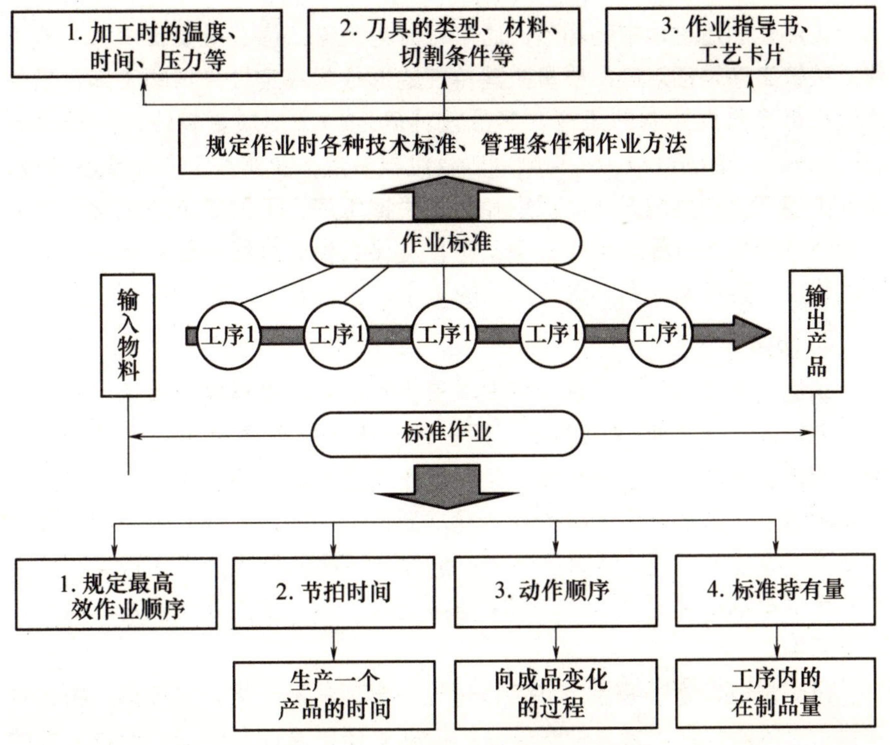

图2－9　作业标准与标准作业的区别

制定标准作业的程序分为以下四个步骤：

（1）识别工作步骤。标准作业主要用于规范操作者的动作和消除等待工作，首先要从把握工序整体性和系统性的角度来识别，即通过仔细观察生产流程，分解出工作的具体步骤。

（2）记录各步骤花费的时间。作业花费的时间可以分为工作时间和移动时间两类，工作时间是员工的实际操作时间，而移动时间包括行走时间，分别统计和记录工作时间和移动时间，以便发现无效作业的浪费，寻找改善的机会。

（3）绘制现场图。通过现场图完整地反映现场全貌，包括操作地点、工作步骤等，并将工作步骤用一条折线连接起来，其目的是可以帮助发现浪费。

（4）制定标准。通过对时间统计和现场图的分析，找到作业过程存在的不合理现象，并提出改进意见，通过重新布置现场，合并、重排、简化、减去操作动作，优化作业顺序，经实验后形成作业标准。并鼓励员工继续发现问题，不断完善标准。

2. 关键工序控制

工序是制造过程中的环节，通常可分为关键工序、重要工序和一般工序。关键工序是指对产品质量关键特性的形成起决定性作用的工序，是生产过程需要重点控制的工序。产品设计确定产品的质量特性，过程设计（工艺设计）明确过程、过程顺序以及过程参数，并实施工序重要度分级，确定关键工序的控制方法。识别和确定关键工序，不能简单地把含有产品关键特性的相关过程就定为关键工序，需要看相关过程参数对最终产品影响的程度，直接明显影响最终产品的工序，一般定为关键工序。

3. 防错法

防错法又称防呆法，是由日本丰田公司的顾问最早提出来的。防错法意在差错发生之前即加以防止，是一种在生产过程中采用自动作用、报警、标识、分辨、定位等有效手段，使作业人员减少或者避免产生无意识差错的方法。目前，防差错的方法在产品设计、制造过程中的应用，越来越受到了企业的重视，许多产品中已经体现了防错技术的应用成果，如大家熟悉的电脑接线插口、汽车倒车挡按钮等，不会因为人为的疏忽而产生不良后果。

（1）防错理念。在生产和工作过程中出现的不合格，大多都是由各种差错引起的。长期以来人们防差错的措施主要是培训和惩罚，但是大量的实践及研究证明，这种培训和惩罚相结合的效果不够理想。现代防错理论认为，可以运用预防性装置或者方法，使作业者在工作中能及时、明显地发现失误，或使操作失误后不会导致缺陷。作业人员可通过防错手段完成自我检查，失误明白易见，同时，防错法也确保只有满足其设定的要求才能完成操作。

（2）防错方法。为了防错，必须花时间去识别错误什么时间和如何发生的，防错的对象是人和设备，防错的手段要在设计、生产技术、硬件和软件、员工的自我控制等方面予以考虑。常用的防错方法见表2－7。

表2－7　常用的防错方法

方　法	内　容	示　例
保险防错法	需要两个及两个以上动作共同或一次执行才能完成工作	冲压机床需要操作人员两只手同时按下按钮才会工作
自动化防错法	以各种光学、电学、力学、机械学、化学等原理来限制某些动作的执行	限位开关、光电感测装置，防止升降机、托盘车的移动
顺序防错法	对工作顺序编号排序，按照顺序操作	组装形状相似的零件，利用光电感应与零件配套供应，按顺序组装
警告防错法	当有不正常操作发生时，以声光或其他方式警告	安全带未系好、防护罩未关好、零部件漏装等
隔离防错法	分隔不同区域来防止发生错误	设置危险品仓库、隔离不合格品、电动锯的防护罩等
色标防错法	用颜色区别不同工作区、物料与产品标识或危险警示	现场色标、物料标识、安全警示标志、定置区域色标等
尺寸防错法	对长宽高、厚度、形状等尺寸标准的变化判断正确与错误	插座、定位孔、导向套管、外形检测门等
重量防错法	设定产品的重量标准，不符合重量标准的产品被自动剔出	产品包装防止缺包、缺量；零部件少装或混入异物等
止动防错法	流水线设置门挡，只有当操作员拿起来才能通过	防止人员忙乱导致的漏作业
联合动作防错法	联合动作才能完成作业	两名操作员双重确认才能开始作业，流水线生产完成最后一个动作才能通过

续表

方　法	内　容	示　例
放大字体防错法	放大物料零部件的标识字体防止误用	零部件定置标识、零部件标识字体放大、配置放大镜等
放置体位防错法	利用不同零部件放置人体的不同地方，防止错拿和遗漏	调试作业中产品放置不同位置
危险地带隔离法	危险地带隔离或设置障碍	维修围栏、地沟盖板等
作业细节防错法	对产品易受污染、损坏部位保护起来	汽车维修设置的驾驶位置“三件套”，流水线用薄膜保护显示屏等

（3）防错法实施步骤。实施防错法的基本步骤见图2－10所示。

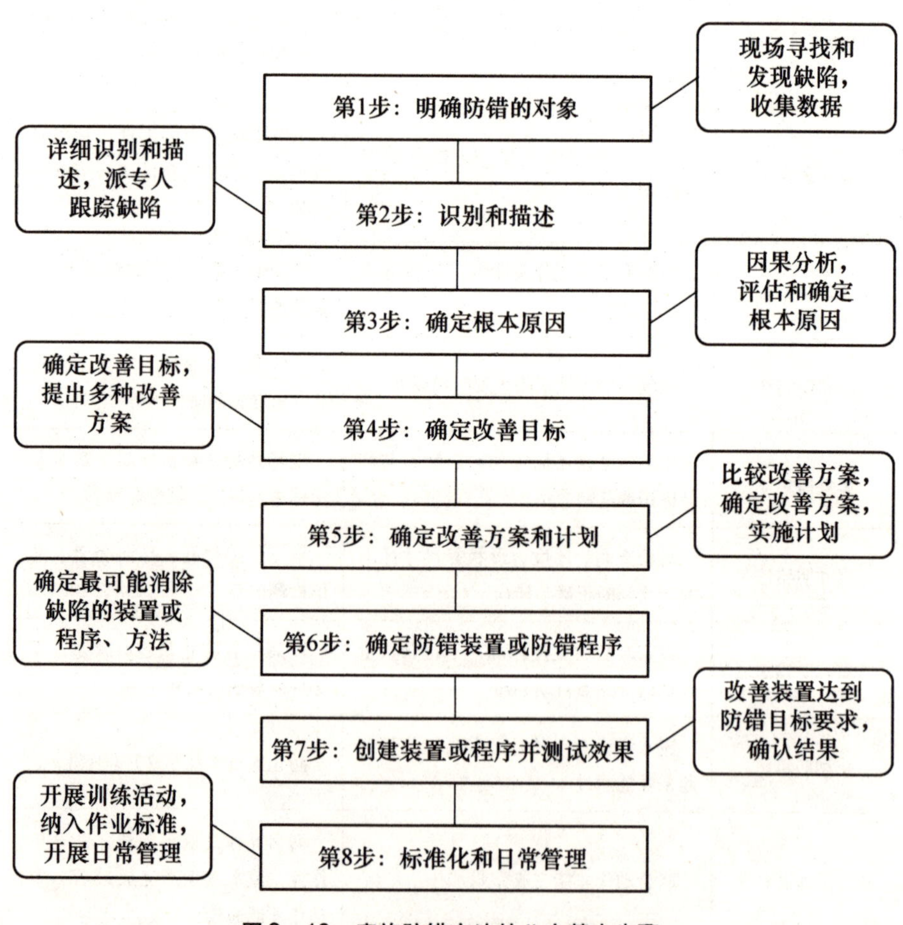

图2－10　实施防错方法的八大基本步骤

4. 工艺纪律管理

所谓工艺纪律，就是企业各级人员严格按照工艺文件及现场生产的有关制度进行生产活动的要求。严格工艺纪律是加强工艺管理的重要内容，是建立企业正常的生产秩序，确保产品质量、安全生产、降低消耗、提高效率的保证。工艺纪律最终落实在生产现场，强化工艺纪律教育和监督检查，是工艺纪律管理的主要内容。

五、现场质量检验

质量是企业的生命，生产现场管理的首要任务就是确保产品质量的稳定和提升，满足产品标准的要求。质量检验，或称产品的监视和测量，是实现该目的的主要手段之一。关于现场质量检验的内容详见第三章。

现场产品质量控制的重要环节是做好各工序的质量检验。在实施过程中需关注以下几项。

1. 实施“三三制”

“三三制”是生产现场过程质量检验常用的方法，见图2－11。这个方法充分发挥了员工自我控制质量的积极作用，突出了变化点控制的要求，并形成相互督促的机制，是一线操作工人参加质量管理的有效形式，有利于员工自觉把好质量关，使专检人员集中精力抓好关键产品、关键工序的质量检验，并且能克服专检人员和生产工人的对立状态，是我国企业长期检验工作经验的总结。

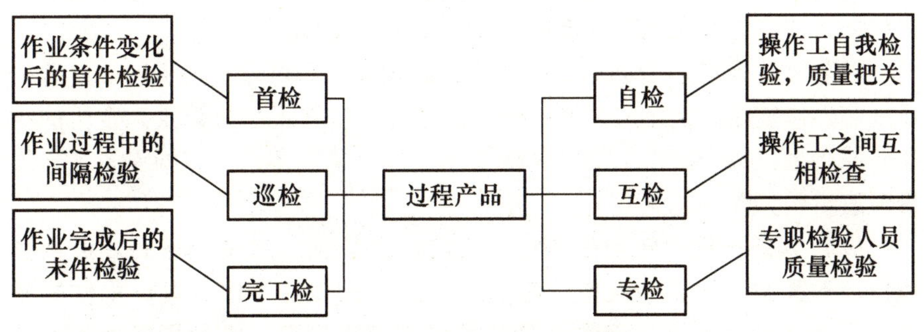

图2－11　过程质量检验“三三”制

2. 开展产品监视

监控作业线常用的方法有巡回检验和设置监控点。巡回检验是指检验员在生产现场按照一定的时间间隔对制造中产品质量进行检验，并要保证不间断地对每台机器、每个工位依次巡检。设置监控点是指在生产线中，针对不同的环节设置监测点，如进料监控点、关键工序监测点、完工检测点等。

3. 持续反馈控制

现场发现质量异常时，应立即采取措施，防止造成更大的损失。因此，现场质量管理应建立快速的质量反应机制，通过规范异常发生时的处理流程，使作业人员能够快速、有效地处理质量问题。

质量异常处置的方法依次为：剔除不合格品，向前拦截产品，停止生产线，查明原因并消除后继续生产。

4. 不合格品的处置

不合格品处置的首要任务是防止非预期的使用或流转。因此，对不合格品在可行时应做到隔离，可以采用围栏、标识、移出生产区域的方法实现。不合格品的处置，应根据质量技术部门的评审结果进行。处置的一般方式为返工、降级、报废，应由企业授权的部门或人员决定。对不合格品的处置必须以能满足产品标准的要求为限，返工的不合格品必须经过（加密）检验合格后才能放行。

六、设备设施管理

1. 定人定机凭证操作

为保证设备的正常运行，提高工人的操作技术水平，防止设备的非正常损坏，应建立和实施定人定机、凭证操作的制度。

（1）定人定机。有助于加强员工管好设备、用好设备的责任心，有利于提高操作技能。定人定机名单应相对稳定，宜在现场标识定人定机的状态。原则上，每个操作工每班只能操作一台设备，多人共用的设备，必须由值班机长负责。

（2）凭证操作。使用设备前员工应接受培训，考试合格后才能独立操作。对关键和重要的设备，应建立持证（操作证、作业票）操作的制度，不允许无证人员或无作业票人员操作使用设备。设备更新后，性能和操作方法有较大变化时，应组织对新设备操作的培训，换发新设备的操作证。

2. 交接班制度

连续生产的设备或者不允许中途停机的设备，应建立交接班制度。交班人员应将设备运行情况、维护保养情况、发现或遗留的问题等，向接班人员交代，记录在相应的设备运行记录中。接班人员应对设备进行检查，发现有异常现象、情况不明、设备未按规定维护时可以拒绝接班。如因接班不清设备在接班后发生的问题，由接班人员负责。

3. “三好”“四会”“五项纪律”

员工使用设备应做到“三好”“四会”，遵守“五项纪律”。

(1)“三好”

①管好设备。要有强烈的责任意识，自觉遵守定人定机制度和凭证使用设备，管好工具、附件，不损坏，不丢失，防止不整齐。

②用好设备。设备不带病运转，不超负荷使用，不大机小用、精机粗用。遵守操作规程，细心爱护设备，防止事故发生。

③维护好设备。严格按照设备维护保养规程，做好日常维护、计划维护、质量维护工作。

(2)“四会”

①会使用。熟悉设备构造、技术性能和操作方法，懂得加工工艺，会合理正确使用设备。

②会保养。会按照润滑图表的规定加油、换油。会按规定进行日常维护，保持设备内外清洁，做到无油垢、无脏污，漆见本色铁见光。

③会检查。会检查与加工工艺有关的精度检查项目，能进行适当的调整，会检查安全保护和保险装置。

④会排除故障。能通过声音、温度和运转情况，发现设备异常，并能判断异常的部位和原因，及时采取措施排除故障。

(3)“五项纪律”

①凭证使用设备，遵守安全使用规程；

②保持设备清洁，并按规定加油；

③遵守设备交接班制度；

④管好工具、附件，不得遗失；

⑤发现异常，立即停车。

七、安全生产管理

安全生产是科学发展的基本要求，也是现场质量管理的第一责任。没有安全就没有质量，更谈不上发展，现场安全管理与现场质量管理密不可分，做好现场质量管理需要做好以下工作：

（1）全面排摸和识别评估现场安全生产的危险源；

（2）针对危险源的控制完善安全作业规程或现场管理制度；

（3）建立和完善岗位安全责任制度；

（4）加强现场安全的教育培训，提高安全教育效果；

（5）强化现场安全检查，及时发现和制止违章作业，及时发现事故隐患；

（6）快速整改安全隐患，验证整改效果；

（7）开展现场安全防护的自主改善活动；

（8）完善现场安全应急预案，组织事故防范应急演练；

（9）及时、如实报告事故情况；

（10）积极配合做好事故调查、善后处理、整改防范工作。

八、班组（团队）建设

班组是企业的细胞，是最基础的一级管理组织，班组基础不扎实则企业基础不强，班组也是企业组织生产和服务经营活动的基本单位，是企业一切工作的立足点。班组建设是指通过有效的手段和方法，发挥班组团队精神，提升班组整体素质能力，以确保班组保持高效能的一系列工作和活动，是夯实企业管理基础的一个持续改善过程。班组建设是企业现场管理的基础工作，是企业取得持续成功的奠基石。

第四节　现场质量管理的案例

生产（服务）现场影响产品（服务）质量的因素很多，一般认为主要有员工管理、设备管理、物料管理、生产（服务）工艺和作业方法管理、环境管理、文件和记录管理、顾客服务管理、变化点管理、班组建设等九大因素。对这些因素进行协调、控制与管理，构成现场质量管理的具体内容。前面各节已经讨论了现场管理的方法，本节以案例的形式介绍某大型企业现场状态，供学习者参考。

一、员工管理

无论是生产型企业还是服务型企业，人员都是现场质量管理的最重要因素，也是最活跃因素，对产品和服务质量起着决定性作用。企业管理者应把对员工的管理，作为提高现场质量管理能力的第一要务来抓，企业职工也应努力提高自身的素质和能力，以适应现场管理的需要。

1. 推进质量文化建设

质量文化建设就是要通过营造氛围、提炼和贯彻理念、培养习惯，潜移默化地引导各级员工推动质量文化和价值观，融入员工日常行为意识中，将要求变为习惯，使每一个员工都成为质量文化的践行者。

质量文化一般可分为质量文化、质量价值观、部门质量理念、质量文化要素四个层面。某企业质量文化架构参见图 2 – 12。

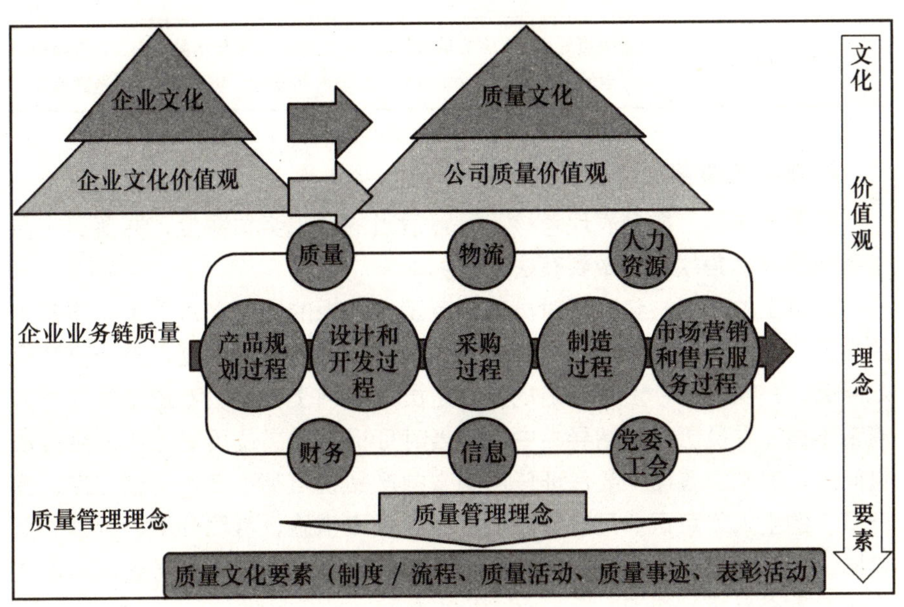

图 2 – 12　某企业质量文化架构

质量文化要素包括公司日常制度，质量、环境、职业健康安全三大管理体系的程序规定，各种质量活动，对质量事迹的宣传，对质量工作先进团队和个人的表彰等。质量文化的宣贯可通过质量文化网络进行宣传和实施。如表 2 – 8 所示。

表 2 – 8　质量文化网络

质量文化网络	具体事项
质量月活动	每年九月，结合质量工作重点，围绕每年确定的质量月主题，开展系列活动，以推进公司质量文化建设，营造满足并超越顾客需求的质量氛围，从而提升全员质量意识

续表

质量文化网络	具体事项
质量文化培训	质量文化推进过程中，需重视对员工的培训教育。为了达到理想效果，企业可借鉴安全三级培训的制度，建立质量文化三级培训机制。使新员工在进入公司之初，就感受到质量文化的魅力，使老员工带头践行企业的质量文化价值观
质量文化手册	企业发布质量文化手册，有助于将质量价值观更好地融入员工日常行为意识中，形成全员追求卓越质量的氛围
其他宣传活动	企业可开展形式多样的宣传活动，包括质量文化水晶立牌、宣传海报、个人电脑开机动画、食堂电视、公司内部报刊、电子邮件、质量微信等

2. 建立质量奖惩制度

通过现场员工质量表现考核，设置适当的员工奖罚额度，并落实在员工手册的具体条款中，做到有法可依。

对员工的表彰与奖励是对员工出色工作表现的认可，对于工作质量差的员工，理所当然应受到惩罚。当然，对于出现的质量问题，要分析其根本原因，是操作文件没有明确规定？是员工培训没有到位？还是员工本人有章不循？在员工操作指导书中，适当时可标注本岗位历史上所发生的质量问题，时刻提醒员工要保证任何细微的产品缺陷都不流入下道工序，提升员工的主人翁意识。只有针对根本原因采取措施，赏罚分明，做到心服口服，才能充分调动员工的积极性，真正做到全员参与质量管理，从而进一步提高全员质量意识。

3. 完善员工培训机制

现场员工培训的类型分为进企业时的培训、上岗前培训、岗位继续培训三个方面。

首先是进企业时的培训，又称入门培训。包括：企业文化（使命、愿景、价值观等）、企业发展历程、企业主要产品和服务、企业组织机构、企业主要工作流程等。目的是在员工进入企业之初，就引导员工树立起敬业、爱岗、诚信，“干一行，爱一行”的信念，尽快融入企业，实现共同发展。其次是上岗前培训，包括：专业基础知识（包括产品或服务标准）、岗位操作能力、产品监测能力、质量管理知识、安全知识、质量意识、产品故障描述、规章制度等。以上知识和能力须经考核，合格后方能上岗。再次是岗位继续培训，包括：专业知识进阶（更新的产品或服务标准）、岗位操作能力的提升、安全知识（需时时讲）、质量意识、更新后的规章制度等。员工要树立起“做到老，学到老”的终生学习意识，不断地提高自身的水平和价值。

【案例2】某企业现场员工在进入作业现场后需要经历三个层次培训：车间级、工段级、班组级培训，使得员工熟悉车间安全知识、岗位操作要求，了解以往的质量问题经验总结，熟练背诵本岗位的操作标准及工艺文件。上岗后则通过师徒带教提高新员工动手能力。工段长和班组长通过岗位柔性图表定期考核员工操作技能，进而实现“一人多岗，一岗多人”的员工操作能力的目标。

柔性图表是培训班组成员的时间表，是一个重要的规划工具，它可以直观地显示班组成员的不同生产或服务技能，便于班组人员的假期安排和新工作的安排。同时，柔性图表可以用来分析工作需求（每项工作所培训的班组成员数）、规划工作指导培训。当发生影响人员的生产变化（例如产量的增加）、人员变化的需要（例如人员的培养、调动）等情况时，方便现场班组管理。表2－9为员工岗位柔性表样张。

4. 建立员工发展通道

企业管理者应重视员工的业务水平和能力的提升，建立员工发展通道，通过员工工作业绩的综合考核，以不断鼓励和肯定员工工作为主，驱动员工实现自我价值。

首先是建立现场员工技能等级标准。一般包括学历、培训模块、等级工及绩效、工作经验四个方面的内容。适用时，应与国家相关行业的等级工认证相结合。

【案例3】某企业车间每年安排有需求的员工参加培训中心组织的等级工培训与考核。车间接到通知后，在各工段宣传初、中、高级工考核信息，鼓励员工及时报名参与等级工培训和考核。车间为员工提供统一的报名和培训渠道，对于考核通过的员工，车间优先提升他们的技能等级，并与相关福利挂钩。员工晋升时也会考虑相关技能等级，对于晋升评比有相应加分，以激励员工不断进步。

其次，鼓励和支持员工以多种方式实现与工作和职业发展、技能提高相关的学习目标。

课堂培训只是员工发展的一部分，员工可以通过多种形式的培训方式来进行知识的学习和经验的分享，如论坛交流、体验式拓展培训、岗位带教、现场参观、技师协会等。企业可运用知识/技能竞赛方式提升员工技能，并赠送小礼物以吸引和鼓励员工参与。对于一些资深的员工，企业需考虑安排他们进行轮岗，有计划、有步骤地学习不同岗位上的工作技能。

表 2-9 员工岗位柔性表样张

员工岗位柔性表

班次：　　　　　　工段：　　　　　　班组：　　　　　　YEAR/年：2013

工号	姓名	到岗时间															要求达到的柔性目标（季度内）FLEXIBILITY TARGET(QUARTER)			
																	一季度	二季度	三季度	四季度
			⊕	⊕	⊕	⊕	⊕	⊕	⊕	⊕	⊕	⊕	⊕	⊕	⊕	⊕				
			⊕	⊕	⊕	⊕	⊕	⊕	⊕	⊕	⊕	⊕	⊕	⊕	⊕	⊕				
			⊕	⊕	⊕	⊕	⊕	⊕	⊕	⊕	⊕	⊕	⊕	⊕	⊕	⊕				
			⊕	⊕	⊕	⊕	⊕	⊕	⊕	⊕	⊕	⊕	⊕	⊕	⊕	⊕				
			⊕	⊕	⊕	⊕	⊕	⊕	⊕	⊕	⊕	⊕	⊕	⊕	⊕	⊕				
			⊕	⊕	⊕	⊕	⊕	⊕	⊕	⊕	⊕	⊕	⊕	⊕	⊕	⊕				
			⊕	⊕	⊕	⊕	⊕	⊕	⊕	⊕	⊕	⊕	⊕	⊕	⊕	⊕				
			⊕	⊕	⊕	⊕	⊕	⊕	⊕	⊕	⊕	⊕	⊕	⊕	⊕	⊕				
			⊕	⊕	⊕	⊕	⊕	⊕	⊕	⊕	⊕	⊕	⊕	⊕	⊕	⊕				
			⊕	⊕	⊕	⊕	⊕	⊕	⊕	⊕	⊕	⊕	⊕	⊕	⊕	⊕				
			⊕	⊕	⊕	⊕	⊕	⊕	⊕	⊕	⊕	⊕	⊕	⊕	⊕	⊕				
			⊕	⊕	⊕	⊕	⊕	⊕	⊕	⊕	⊕	⊕	⊕	⊕	⊕	⊕				

岗位柔性统计	第一季度		评估确认		第二季度		评估确认		第三季度		评估确认		第四季度		评估确认	
1 人多岗柔性化	1 人 3 岗	1 人 4 岗	1 人 5 岗及以上	班组长	1 人 3 岗	1 人 4 岗	1 人 5 岗及以上	班组长	1 人 3 岗	1 人 4 岗	1 人 5 岗及以上	班组长	1 人 3 岗	1 人 4 岗	1 人 5 岗及以上	班组长
1 岗多人柔性化	1 岗 3 人	1 岗 4 人	1 岗 5 人及以上	工段长	1 岗 3 人	1 岗 4 人	1 岗 5 人及以上	工段长	1 岗 3 人	1 岗 4 人	1 岗 5 人及以上	工段长	1 岗 3 人	1 岗 4 人	1 岗 5 人及以上	工段长

◔知道操作步骤。

◑能安全、按质量要求工作，但不能按节拍完成。

◕在没有他人指导下能安全，按节拍按标准化要求完成任务。

●能培训他人。

【案例4】某企业在车间现场设立员工培训中心，通过线下模拟操作，资深班组长经验传授，进一步提高员工的操作技能；培训中心内设置了生产现场绝大部分操作内容，为员工持续提升对现有产品操作熟练程度，尽快熟悉新产品和新工艺的操作提供了平台。同时，车间每年组织员工进行技能比武，通过互相学习，不断提高新老员工的操作技能。

【案例5】某企业聚集高技能人才，成立首席技师工作室，作为攻坚克难的排头兵，攻克生产过程中的重点、难点问题。通过带教和互学相结合，进阶培训在线的熟练员工，进一步提高员工技能。首席技师工作室还通过与设计、制造工程等部门联系，为车间带入各项新技术，为员工开阔思路，引导员工不断创新。技师工作室的建立为车间培养了一批又一批优秀员工，车间现场形成了一支理论扎实、作风细致，质量为先、不断改进的技能队伍。

二、设备管理

设备的日常运作状态直接影响到生产和服务进度，是影响产品质量和服务质量的重要因素。设备管理应采用预防性维护方式，而不是等设备发生故障后才去维修。预防性维护是指为保证作业系统保持运行状态以满足企业业务需求，在设备正常运行过程中所做的设备状态的检查、部件的定期保养、潜在故障点的检查修复等维护工作活动。

1. 设备维护策略

对重要设备（该设备的故障将直接导致产品或服务的停止；没有备用设备或其他可替代设备继续维持生产或服务；该设备的故障将影响现场操作、维修、服务人员的安全生产或服务）的维护策略：必须在设备操作面板或其他显要位置注明“重要设备”标识，并应有专人负责操作和维护。维修及操作人员应认真完成每日的TPM点检工作，并填写TPM表格，班组长应每日检查TPM执行情况，并签字或盖章。季度、半年、年度预防性维护（PM）应按期执行，如有特殊原因，最多可延迟两周执行。但在两周时间内，必须有应急方案以应对期间可能的故障停机。

对一般设备的维护策略：维修及操作员工应每日检查设备并使之始终处于正常运行状态，包括检查备用设备并使之始终处于代用状态。相关人员必须认真完成主、备用设备的TPM点检工作，并填写TPM表格，班组长应每日检查TPM执行情况，并签字或盖章。季度、半年、年度预防性维护（PM）应按期执行。如有特殊原因，最多可延迟一月执行。

2. 设备相关人员的资质要求

维修和操作人员在上岗之前，必须通过各种途径进行培训，熟知设备操作规程，具备安全操作设备的能力（包括工装模具、检测设备和辅助设备），经考核合格后方可上岗。

操作员工能够具备日常维护设备的能力，能配合维修人员定期地检查、维护、保养设备；操作员工要依照设备操作规程进行操作，发现设备跑、冒、滴、漏，要及时修理，要坚决禁止设备带病作业；员工要做好设备的运行记录，发现设备精度下降或故障瑕疵，应及时报告相关人员。

3. 设备的定期维护

设备维护注意事项：

（1）发生设备非正常停机时，现场员工必须按规定填写并保存设备故障报告，以便跟踪设备故障发生与修复经过的记录、评估问题解决措施及可能产生的点检和定期维护内容的更改。

（2）维护活动过程中所产生的环境污染物，应由活动实施部门按照运行控制文件进行管理和控制。

（3）对有计量检定要求的设备、仪器，应按照相关规定进行定期鉴定或校准。

【案例 6】某企业的液体加注机是关键设备，但由于条件所限，目前无备机，只有手动加液小车，维修工段每天早班会对设备进行 TPM 点检，确保设备使用正常，班组长每日对 TPM 进行抽查。每过固定期限，维修设备专业人员会按计划对设备做 PM 保养，如：加液量标定，并记录在相关的表格中，由班组长进行最终检查。一旦设备出现故障，将切换到手动小车进行加液，受过专业培训的维修工则使用铜质工具对设备进行抢修，修理完毕后将对修理的有效性进行检查（标定等手段），修理设备产生的废弃物将按照公司规定投入相应的废弃物收集桶中。如果停机时间超过 10 分钟需要填写设备停机报告，对设备故障原因进行分析，并制定长、短期措施以减少相同故障或缩短排除故障时间。

三、物料管理

从滚动的生产计划拉动开始，采购经认可的供方物料，企业进行制造或加工，最后将合格的产品或服务交付给顾客，物料的管理贯穿于整个生产过程。现场物料管理覆盖从物料的接受、物料的储存、物料的现场管理、物料的标识和防护四个方面。

1. **物料的接受**

企业可根据以往来料的质量表现，结合顾客的要求，制定相关的接受准则，实施进货检验（试验）或验证。检验或验证一般采取抽样方法，对于计数型数据抽样，接收水平应是零缺陷。

收料人员应在交货计划规定的时间、在收货区或泊位处进行进货检验或验证，并根据接受准则做出接受与否的判断。仓库、周转区、备料区及生产线边的原料，如非挂牌，均视为已被接受。

应依据接受准则编制原料进货检验（试验）记录单或验证单，除记录与原料本身相关的特性以外，还应包括运输质量的检验，其内容包括但不局限于与交货计划一致、符合包装规范、外包装无破损、潮湿、物料表面无破损、潮湿、污垢、锈蚀等等。

一旦物料被接受，收料人员应将实物放入储存区或仓库，保存物料进货检验或验证相关记录，并录入系统。

拒绝接受的物料在有条件的情况下应当场退回，并于第一时间通知相关供方管理人员，同时将不符合信息及时记录和录入系统。

2. **物料的储存**

经过设计的仓库和储存区域能防止物料在使用或交付前的损坏或变质。同时，企业应建立物料库存管理系统，以优化物料库存周转期，确保货物周转和优化库存水平。

企业仓库应根据生产经营的需要和库存周转物品的类别、性状、特点等合理规划仓区、库位，所有货物均必须按仓区、库位分类别、品种、规格型号摆放整齐，物料状态标识和存卡记录清晰、准确且及时更新，摆放于对应货物目视明显位置，严格按“先进先出”原则发运物料。

企业需要定期检查物料库存状况，对入库物料以正确的方式进行保管、储存。对储存过程中可能变质或腐蚀的物料，应按一定的防腐蚀和变质的方法进行清洗、防护、特殊包装和存放；有些物料的存放有堆放要求，需要明确堆放的层数或个数。有些物料的存放有防护要求，需要有特殊的料架支撑。

3. **物料的现场管理**

在生产或服务现场使用物料时，应首先按来料清单进行核对，复核完成并确认为检验或验证合格的物料才能使用，不合格的原料决不能使用。

进入现场的物料应按品种、来源、批号、日期分门别类妥善摆放，做到物料与来料单一致。要做好来料的管理，防止混料，注意标识移植和物料防护。要记录好物料的使用情况，包括名称、数量、质量、余量、退料、混料、废料，还要记录辅助材料水、电、煤、油等的消耗情况。

4. 物料的标识和防护

现场员工要对在本岗位生产的半成品、成品在生产和流通中，按规定给予唯一的标识，并予以保持。此外，员工应按规定对本岗位生产的产品状态进行标识，以区别待检品、已检品、合格品、不合格品、待处品，防止状态产生混乱。

标识的方法可视产品不同和生产情况不一样，采用多种多样标识方法，以适应不同产品和服务要求，但标识目的只有一个，即可追溯性。

对成品、半成品生产环境，应视情况采用不同的方法进行防护和包装，以避免损伤物品和污染物品。防护和包装应包括搬运、包装和贮藏过程中的产品，在这过程中对标识也需同样进行保护。

【案例 7】某企业作业现场，对于可疑零件需要填写可疑零件单，并存放在报废料架指定区域，不可与正常生产零件混放；可疑零件上需挂相应可疑零件单，以标明其特殊状态。可疑零件被当班班组长或者现场质量工程师确认无法使用的，需填写报废零件单替换原可疑零件单，并进入零件报废流程。摆放各种状态零件的区域需严格按照规定划分，报废零件放在红色区域，可疑零件放在黄色区域，合格零件放在绿色区域。

四、生产或服务工艺和作业方法管理

生产或服务工艺和作业方法是现场有资质的员工使用合适的设备，生产或提供持续稳定的、满足顾客要求产品或服务的基本依据。现场生产或服务工艺和作业方法应是动态变化的，它随着顾客的要求和产品或服务的变化而更新。

1. 按标准（规范）作业

任何产品的生产和服务的提供，都必须具备产品标准或服务规范。工艺（作业）规程、操作规程和检验规程是批量生产（作业）必须具备的工艺（作业）文件，所以“一标准，三规程”就是作为提供合格产品和服务的工艺文件依据。文件的编制有一个先后顺序，即先有标准，然后依据标准编制规程。编写人员应该是一个跨职能的工作小组，而不应是一个人。现场员工应主要参与现场操作相关规程的编制。任何员工都不得违反“一标准，三规程”的文件规定进行自由操作，要严格遵守这些文件规定，才能生产出合格产品和提供良好的服务。

2. 过程的监控

在生产（作业）过程中，某些工序上的工艺（过程）参数，能够对产品（服务）质量安全特性产生重大影响，这些工艺（过程）参数被称为关键工艺（过程）参数，如：汽车焊接过程中的电流和电压，装配过程中的扭矩，化工产品生产中的浓度、压力、时间，集成电路生产中的温度、湿度、清洁度等。关键工艺（过程）参数的控制是现场重要的“质量管理点”。关键工艺（过程）参数来源于关键产品特性，这是产品设计人员依据国家法律法规要求、顾客需求、产品自身特点、以往的经验教训识别出来的。依据关键产品特性清单，工艺管理人员则通过生产过程中的工序排布、设备选型、工艺选择和工艺（过程）参数数值的确定等设计，形成现场工艺、操作和检验等文件，最后通过现场人员的严格执行，确保最终的产品和服务满足顾客的要求。在各级作业文件中，还需标明每一个步骤中的关键产品特性和关键工艺（过程）参数，以提醒现场人员在日常运行作业中予以特别关注。

3. 文件要求

在生产（作业）过程中，某些工艺（作业）参数，能够对产品（服务）质量特性产生重大影响，这些工艺参数或产品特性，根据管理人员的设计就成为“质量管理点”或关键特性。在各级作业文件中，还需标明每一个步骤中的质量管理点或关键特性，以提醒现场人员在日常运行作业中予以特别关注。

现场生产和服务文件是一个动态的文件，现场操作人员应一同参与对各种文件进行定期评审，各种文件也将随着新技术、新材料、新工艺的要求、顾客的反馈、产品或服务的变化而持续更新。

4. 特殊过程的监控

特殊过程定义为当过程的结果不能通过其后产品的检验和试验完全验证时，这类过程通常被称为特殊过程。如：焊接、喷涂、注塑、混凝土浇注等均为特殊过程。

企业应对任何这样的过程实施确认。证实这些过程实现所策划的结果的能力，适用时包括：①编制为过程的评审和批准所规定的准则；②设备的认可和人员资格的鉴定；③特定的方法和程序的使用；④记录的要求；⑤再确认。

对特殊过程，一般需要进行特别的控制。对这种关键控制点，其管理人员要进行特殊设计，其操作人员要按设计进行专门培训和资格认定，其设备要进行能力鉴定，要编制特殊的作业方法和程序，技术人员要分析、统计特殊过程的工艺和质量情况，并向一线员工反馈。

【案例8】某企业对于特殊要求和特殊特性，设计时就应将特殊代码输入工艺文件中。车间在项目实施之初，通过工程零件清单进行识别，将相关特性加入现场操作指导书和相关控制计划中，并与质量、工程分别确认相关要求，确保满足特殊特性的要求。

对于装配车间来说，最多的质量关键点在于扭矩，一个产品有许多个紧固点，车间通过特殊特性识别，辨识出其中影响安全和重要功能的紧固点，通过紧固工具、防错工具、定期巡检等方法进行特殊控制。例如：对于紧固扳手，根据不同精度要求，分为电动工具（精度最高）、气动离合器式工具（精度中等）、气动油压脉冲工具（精度较低），对应不同精度需求的紧固点。同时，对于这些工具通过有资质的维修工定期标定、在线使用员工开班前的检查等措施，确保工具在使用过程中的受控。

五、环境管理

环境管理是现场质量管理的重要一环，它直接影响到产品和服务的质量。某些产品对环境的要求很高，如：集成电路的生产。食品行业对作业环境也有专门的规定，否则，产品的卫生不能达到国家规定的标准。环境可以影响到员工操作的规范性、设备运行的稳定性和物料管理的有效性。

1. 岗位环境的管理

首先，企业需按有关规定，建立起满足稳定地生产产品和提供服务的环境条件，否则会影响产品质量，产生波动。其次，现场员工要做好岗位环境的管理工作，工具、模具、量具要依规定放置。原料、辅料、半成品、成品、废品、待处理品要按规定放置归位，不得影响生产与流通。要及时清理不用的东西，做到人与物的合理结合，提高工作效率。再次，员工要按作业指令，按期、按质、按量完成生产任务，做到均衡生产及岗位环境的物流控制，不发生乱堆放问题。最后，员工要做好作业环境的文明生产，做好设备、设施、地面的清洁卫生，尤其要做到水、电、油、气等无跑、冒、滴、漏。员工生产操作要文明，工件轻拿轻放，成品不落地，放在指定的料箱内，操作要符合清洁、卫生、防护的要求。

2. 作业现场环境的管理

现场作业区域应仅放置目前所需要的物品，罕用的物品应储存起来，无用的物品应清除出去，各物品均应有明确的放置位置及定置标识，不应放置除茶杯外的任何个人物品，必需的个人用品可放置在休息区域。现场信息板应及时更新并保持整洁，若有损坏应及时报修。

现场作业区域布置要点如下：

（1）物品布置：整个作业区域的信息板（包括目视化检查表板，合理化建议板和不断改进展示板等），均应按统一标准布局制作并保持清洁，及时更新；作业区域存档文件应按使用频度编号，并拉上蓝色标识线以免放错；作业区域存储的物品应有标识并按类别放置整齐，所有座椅、文件柜等均应定置定位；饮水机，垃圾箱放置区域应保持清洁，饮水机若有漏水应及时报修。

（2）工具箱：应放置生产或服务所需要的工具，所有工具均应定置定位以便及时发现工具遗缺并加以处理（若有遗失则由当事班组长负责找回或补全）。罕用/重复工具应进行统一管理，调配而不堆放在班组工具箱内。所有罕用/重复工具可存储在休息区域的工具箱内并在箱上贴上工具清单以方便查找。

（3）工作台：上层可用于放置必需的工具和备件，不应放置待处理零件。中层用于放置班组成员茶杯等物品。下层用于放置待处理零件，下班前当班班组长应将其处理完毕。

【案例9】 某企业对于现场布置，车间使用不同分割线来划分特定区域，使得现场布置整齐有序。红色实线表示禁止、停止、消防和危险，黄黑色实线表示需特别注意，禁止随意进入和穿越，黄色实线表示注意和警告，蓝色实线表示指令和必须遵守的规定，绿色实线表示通行，安全，橘黄色实线表示流水线工位上的操作终止线。车间内严格按照以上规定来划分对应区域，如红色实线被运用到：工位的物理分割线（固定停止线）、禁止通行区域、消防灭火栓存放位置、地面标识，如“停”“慢”等。

同时，车间为了满足5S要求，对不同区域有对应的5S要求。例如：对于加液设备，由于加液头可能存在渗漏，导致地面湿滑、肮脏。车间通过班前班后的TPM检查和打扫来保持地面干净，并在加液头摆放位置设立废液回收筒，定期清洁加液头。

六、现场文件和记录管理

现场文件在发布前需得到批准，以确保其正确。现场操作人员需得到所需文件的有效版本，如：流水线操作人员能方便得到操作指导书的最新有效版本，以指导生产。现场记录提供了产品符合要求和质量体系有效运行的证据，在需要时，可帮助查找问题发生的原因。如：航天飞机失事后，可从起飞时的仪器运行数据，分析问题发生的可能原因。

生产（作业）现场的所有活动，都必须以文件为准。文件包括产品标准、服务规范、生产（作业）流程、工艺规程、操作规程、检验规程、作业计划（指令）、管理守则、记录，以及应遵守的法律、法规和规章制度等。现场记录泛指依照现场文件要求，表明产品和服务运行实施的所有证据。

1. 现场文件的管理

生产（作业）现场文件管理应指定专人（文件管理员）负责，负责更新和保管现场文件。文件管理员应保存文件发放、签收、更新评审等记录。

（1）现场文件的编制。一般应由岗位人员、班组长、技术人员等共同完成。

（2）现场文件的发放控制。发放前一般盖红色受控章表明为受控文件，凡复印件可作为参考文件，不受控。若使用电子系统管理（网上发布和更新），以网上发布的文件为有效和最新版本，打印下来的文件仅供参考。

（3）现场文件的执行。在生产（作业）现场的所有文件都必须是现行有效的版本，无效版本文件在现场都必须清理干净。在生产作业现场，员工一定要按现行有效版本的文件开展生产（作业）活动，不得擅自违反文件自由行动。即使有合理化建议并准备更新操作，但在更新的文件批准前，现场仍需要执行现有的文件规定。

（4）现场文件的评审。所有现场文件一般应每年或按规定的频次实施评审，评审人员是岗位员工和/或班组长、现场技术和管理人员。评审后若发生更改，应由文件管理员负责更新文件并经批准后发放。旧版本受控文件由文件管理员收回，为法律/积累知识的目的而保存的文件应加盖作废标识。

2. 现场记录的管理

记录不能涂改、造假，记录不能事先填写，更不能是“回忆录”，记录应完整、真实、清洁，不能有漏项、缺项。记录应装订成册，妥善保管，按规定记录要回收，技术人员应对员工记录进行整理、分析，取得有价值信息，应反馈给一线员工，以便员工进行操作改进和质量改善，必要时技术人员要进行文件修改。文件管理员需保存现场文件的分发、签收、更新等记录。

【案例10】某企业车间工艺文件的编制，依据项目组班组长在项目之初新产品生产的经验，参照工程传递的操作标准、控制计划等要求，与在线员工及班组长、工段长共同研究后编制完成。

任何文件的更改都需要经过文件审批流程。由车间工程经理、在线工段长和工程师认可后方可实施，变更记录需要在文件协调员处存档。员工需要严格按照文件要求执行标准化操作，如果发现问题及时上报班组长。班组长和工程师需确保工位板上文件受控，必须是最新版文件并盖有生产使用图章，还有工程师、工段长的签字确认。班组长还需要通过定期的分层审核，确保员工的标准化作业或发现文件中可以优化的内容。工段长必须监督文件状态并签字，保证生产者操作方式与工艺文件的一致性，保证线旁文件更新，确认工艺文件更改单内容并签字。

车间使用纸质的交接班记录单，记录班组、工段、班次之间需要跟踪和互相了解的问题，并在班前会上与员工交流确认，交接班记录单按要求期限保存。

七、顾客服务管理

满足并超越顾客需求是每个企业永恒的追求。除最终顾客外，在产品和服务实现过程的各个环节中，也存在内部顾客链关系。事实上，现场每位员工的每次操作都关系到顾客需求的实现。

1. 顾客信息的导入和解决

外部顾客信息，包括最终顾客抱怨的质量信息，一般经过企业的市场和质量部门收集、分析、确认后传递到现场。

内部顾客信息，包括后道业务链部门、班组或岗位的质量信息，可以通过主动走访和畅通信息反馈渠道等方法，及时了解后道顾客对本班组或本岗位产品和服务的意见。

对于内外部现场质量问题，现场人员应依据问题的描述和性质，按照企业的质量问题解决流程，快速响应解决质量问题。如果现场不能解决，应及时启动质量问题上升和报警流程，需要时拉动相关资源共同解决问题。

2. 现场质量改进活动

企业应建立质量问题持续改进的长效机制。对于作业和服务现场，应鼓励员工开展各种形式的群众性质量改进活动，通过预防措施和纠正措施，持续提升企业的质量表现，进而提升顾客满意度。

【案例 11】某企业根据内部自查和质量部门反馈收集问题，聚焦顾客关注的质量缺陷，并通过问题交流报告的形式查找问题产生的原因和需要采取的长、短期措施，措施实施后跟踪其有效性，对于得到有效控制的问题予以关闭。同时，将相关措施和历史记录写入现场操作指导书中，让员工清楚知晓并执行具体要求，持续改进现场质量表现，提升顾客满意度。

一线员工可通过合理化建议的形式提出质量问题的改进措施，合理化建议都会由对应主管每月审批，将结果输入系统，评选优秀建议，并参与车间级、公司级合理化建议评比。为了鼓励员工积极寻求身边的改进机会，车间系统化地评审所有合理化建议的质量，对采纳的合理化建议都予以物质奖励，合理化建议的质量越高，奖励的幅度越大。

八、变化点管理

由于生产和作业现场的各种因素会发生变化，为提前采取有效的措施，规避可能的潜在风险，需要对现场变化点进行统一的控制和管理。

变化点：是与正常生产和服务不同的情况。生产和服务现场的人、机、料、法、环五个方面中，有任何一个方面发生改变，就是一个变化点。

变化点管理：指当发生变化时，通过有效的控制手段来保证安全、正常的生产和服务，以确保产品和服务质量。

现场变化点管理方法：

（1）辨识变化点并采取应对措施

每天开班前，班组长汇总本班组各工位的各种变化点并进行筛选，归纳出本班组当班的变化点，并制定相应的应对措施。如果开班后有临时变化，班组长经过评估后认为存在风险，需要重点关注，则增加当班变化点，同时将变化的内容通知相关工位的员工。

适当时，可在班组中悬挂目视牌。目视牌悬挂的时间根据具体的情况来确定。原则上当班跟踪结束的，目视牌当班撤下。如果需要长期跟踪的，则由班组长控制悬挂时限。结束后，目视牌将收回班组区保存。变化点内容和应对措施详见表2－10。

表2－10　变化点内容和应对措施

因素	序号	变化内容	应对措施
人	1	新人培训	对员工安全教育
	2	员工轮岗培训	新员工了解历史缺陷
	3	跨平台轮岗	操作培训
	4	跨区域人员实习	老员工100%质量检查
	5	班组长顶岗（整个班）	班组之间支持

续表

因素	序号	变化内容	应对措施
机	1	设备参数调整	连续观察多件产品，观察员工操作
	2	设备/工具更换、新设备使用	记录产品号及检查产品特性值
	3	其他	问题跟踪
料	1	物料断点（新旧零件号的交替点）	记录起始和结束产品号， 产品状态及内容确认
	2	其他	问题汇总
法	1	操作指导书内容更改，涉及两项及两项以上项目的调整	工艺检验计划调整
			背诵操作指导书内容
			现场操作培训
	2	其他	工艺问题记录、质量风险问题汇总、 记录第一件产品号
环	1	线速度调整（工艺变更）	人员调整
	2	工位布置变化并改变标准及操作方法	提前通知班组长和维修人员
			安全检查，零件检查
	3	天气突变并改变标准及操作方法	注意保暖/防暑
			通知班组长
测	1	测量人员变动	操作和技能培训
	2	测量设备大修或更新	重新评估测量系统

（2）变化点问题跟踪

目视牌悬挂之后，由班组长负责填写变化点问题跟踪清单的相关内容，并根据不同频次和不同时间分别进行跟踪确认，一般需要每个班次确认4次，特殊情况（在4次的确认中间发现了问题）需要加查一次，并记录跟踪结果。班组长需对首次变化点在跟踪清单上签字，对后续失效未关闭的每个变化点，每班至少进行一次查看和跟踪。变化点问题跟踪清单应在班组区域目视化以便现场跟踪管理。两个班次共用一张表格，两班交接时，此清单中的内容要进行交接，保证两班执行一致。变化点问题跟踪清单详见表2－11。

表 2－11　变化点问题跟踪清单

日期	班组/工位	变化类型	变化点内容	时效	对策	检查确认				班组长签名	首件实施或日期	检查说明	班组长签名	确认状态
						项目一	项目二	项目三	增加检查					

九、班组建设

班组是企业管理中最基础的一级管理组织，是企业组织生产和服务经营活动的基本单位，是企业所有工作的立足点。班组建设是企业现场管理的基础工作，是企业取得持续成功的奠基石。

现场班组建设具体方法可从安全、质量、响应、成本、人员发展五个维度展开。详见表 2－12～表 2－16，实例见表 2－17。

表 2－12　安全方面主要工作和职责

主要工作	班组长职责	组员职责
创建健康安全工作环境	1. 实施班组安全培训 2. 在班组会议上落实安全主题 3. 参与人机工程评估和改进项目 4. 督促组员参与各项相关健康安全活动	1. 参加安全培训和安全主题讨论 2. 主动反映设备设施、工作环境和产品的不安全因素以及人机工程问题 3. 主动劝阻违反安全规范的行为 4. 注意本人和周围员工健康和安全，认真参加体检
安全生产	1. 完成每日班组内安全检查 2. 检查督促安全规范的执行	1. 上岗前安全自检 2. 严格按安全规范生产
事故汇报跟踪	1. 立刻汇总各类事故 2. 完成事故报告并上报 3. 整改措施的跟踪 4. 更新班组安全信息	1. 立刻汇报各类事故 2. 协助完成事故报告 3. 实施整改措施 4. 协助班组长更新班组安全信息
关注产品安全性与本班组的关系	1. 组织分析产品的安全性与本班组工作的关系 2. 小组开展改进活动	1. 学习和了解这方面知识 2. 积极参与合理化建议活动

表 2-13　质量方面主要工作和职责

主要工作	班组长职责	组员职责
标准化操作	1 组织编制岗位操作文件 2. 培训班组成员 3. 检查和督促组员的操作是否符合规定 4. 督促贯彻质量体系相关要求并组织不断改进 5. 快速响应班组内质量报警信息 6. 组织标准化文件改进或优化	1. 参与本岗位操作文件的编制 2. 了解和掌握与工作有关的标准 3. 严格按标准化操作并遵循质量原则 4. 贯彻质量管理体系相关要求 5. 实施相应工位的质量报警活动 6. 积极参与标准化文件改进和优化活动
问题解决	1. 组织、落实、跟踪本小组问题解决 2. 对疑难问题向质量等部门寻求支持和帮助 3. 协助、支持相关部门解决质量问题 4. 指导组员应用基本的质量工具	1. 主动发现问题、解决问题或提出解决方法 2. 对疑难问题向班组长寻求支持和帮助 3. 落实问题的解决对策并跟踪效果 4. 了解基本的质量工具应用方法
质量反馈	1. 定期开展本班组客户访问活动，主动关心和了解客户质量信息 2. 主动向上、下道班组反映质量问题 3. 快速响应客户反馈并做好经验总结 4. 定期召开班组质量例会，发布质量信息 5. 指导组员做好产品标识，严格按规范控制不合格品	1. 积极参与相关客户走访活动 2. 主动向上道工序反映质量问题，向下道工序征求质量意见 3. 及时向班组长提供生产和服务过程中的质量信息 4. 参与班组质量会议，在日常工作中贯彻质量要求 5. 做好产品标识，严格按规范控制不合格品

表 2-14　响应方面主要工作和职责

主要工作	班组长职责	组员职责
响应市场拉动，按时完成作业计划	1. 向组员发布生产和服务计划及工作要点 2. 协调、解决班组中存在问题，确保本班组按时完成计划 3. 不断总结影响计划完成的原因并及时采取改进措施	1. 响应作业计划，按时完成生产任务 2. 及时上报、解决影响计划完成的问题和隐患 3. 及时向班组长汇报异常情况或难以解决的问题和隐患

续表

主要工作	班组长职责	组员职责
实行自主管理，全员参与设备维护	1. 掌握班组范围内设备运行和维护情况 2. 激励和督促组员参与设备维护活动 3. 与有关人员保持联系，解决本班组中设备问题并提出建设性意见 4. 优化班组工艺和物流	1. 坚持按标准做好设备点检工作 2. 及时汇报设备运行情况 3. 参与到设备维护活动中并积极提出建设性意见 4. 参与班组工艺和物流的优化工作
跟踪工具、检具、辅料等的使用情况	1. 了解和掌握班组内工具、检具、辅料的使用情况 2. 跟踪工具、检具、辅料问题解决进程	1. 了解和掌握与工作有关的工具、检具、辅料的使用情况 2. 验证工具、检具、辅料等状态
不断改进活动	1. 激励组员在安全生产和服务、提高产品和服务质量、降低成本、提高劳动生产率、提高设备开动率等方面不断改进 2. 跟踪和评估班组内不断改进活动进程和结果	1. 在安全生产和服务、提高产品和服务质量、降低成本、提高劳动生产率、提高设备开动率等方面不断改进 2. 实施不断改进活动，力争取得预期的成果
开展客户访问活动，提高工作和服务质量	1. 主动了解客户对本班组产品和服务质量的意见 2. 及时改进本班组产品和服务质量，提高客户满意度	1. 主动到下道工位了解本工位的产品和服务质量 2. 及时改进本工位产品和服务质量，提供客户满意度

表 2－15　成本方面主要工作和职责

主要工作	班组长职责	组员职责
按成本目标，寻找各种浪费根源	1. 寻找班组浪费根源和制定降本措施 2. 实施降本措施，推广有效措施	1. 参与降本活动，针对各种浪费提出合理化建议 2. 实施降本措施
降低物料成本	1. 跟踪异常消耗并及时上报 2. 跟踪改进进度和状况	1. 跟踪异常消耗并及时上报班组长 2. 跟踪改进进度和状况，参与改进效果评审
科学管理、提高生产效率	1. 发动员工参与工艺设备和提高生产率的改进活动 2. 实施工作平衡活动计划，必要时予以调整 3. 合理安排工作，控制班组内非计划性加班	1. 参与工艺设备和提高生产率的改进活动 2. 参与工作平衡活动计划，及时提出改进建议

表 2-16 人员发展方面主要工作和职责

主要工作	班组长职责	组员职责
企业提供的培训	1. 确保培训计划课时的完成 2. 协调生产和服务与培训之间的冲突	1. 按时参加培训并达到培训效果
岗位培训	1. 编制班组内成员的轮岗计划 2. 控制轮岗实施情况 3. 考核效果 4. 指导和帮助组员岗位培训	1. 按计划进行轮岗并达到效果
保证出勤率	1. 审核组员休假计划，根据班组情况审批休假 2. 正确做好考勤工作 3. 制定应急方案	1. 按计划进行休假 2. 不无故缺勤、迟到、早退
合理化建议	1. 组织、收集合理化建议 2. 评估合理化建议的可行性，跟踪实施效果	1. 在工作中寻找任何可改进之处并予以上报
不断学习，积极创新	1. 在班组内营造不断学习、积极进取的氛围 2. 主持班组会议 3. 参与班组绩效考核工作，向上推荐表现良好的员工 4. 支持组员的学习需求	1. 不断学习，提高自身素质 2. 参与班组活动 3. 严格要求自己。力求上进 4. 结合自身目标，岗位和班组要求，提出学习需求
完善班组建设基础工作	1. 制定班组建设计划和做好工作总结 2. 收集各项班组建设的信息并归档	1. 提出对班组建设工作的意见和建议。并进行自我小结 2. 协助收集班组建设的信息

表 2-17 某企业班组建设考核表

基本要求	考核内容	检查及计分方法	标准分	自评分	检查记录
安全 15 分	安全培训	查安全培训计划和安全培训完成情况记录	2		
	健康安全的工作环境	每日着装、劳防用品、安全操作符合规范	3		

续表

基本要求	考核内容	检查及计分方法	标准分	自评分	检查记录
安全15分	安全例会、定期安全检查	查班组晨会安全主题、安全信息记录。安全隐患一次扣1分，轻微事故一次扣2分	4		
	实施事故险情及安全隐患报告	报告、处理及时，并进行跟踪。查有关记录、措施和效果	4		
	实施和参与产品安全性方面的合理化建议	检查有关记录	2		
	备注：若班组发生重大事故，则整个安全条款分数全扣完（即扣15分）				
质量30分	标准化操作	检查培训记录、缺记录扣1分，现场检查标准化操作状况，一例不符合扣1分	5		
	质量不断改进活动	查标准化文件改进或优化记录	5		
	贯彻质量管理体系质量记录检查	根据质量记录主控清单，检查相关质量记录，有一项不符合扣1分	5		
	问题解决	检查问题交流报告的关闭及时性，检查相关的质量记录，一例不符合扣1分	5		
	质量反馈，主动解决质量问题	检查质量例会、客户访问以及快速做出反应的情况记录	5		
	做好产品标识，严格控制不合格品	现场检查产品标识状况，一例不符合规范扣1分	5		
响应20分	作业计划	按时完成作业计划，查有关报表	3		
	实行自主管理，全员参与设备维修	查TPM记录和听取维修人员意见	4		
	5S的维护和改进	现场检查，一例不符合扣1分	4		

续表

基本要求	考核内容	检查及计分方法	标准分	自评分	检查记录
响应 20 分	开展精益生产不断改进活动	查不断改进活动的记录	3		
	跟踪工具、量具、模具等使用情况	及时向有关部门反馈意见	3		
	开展客户访问活动，提高工作和服务质量	听取上（下）道工序、班组的客户意见。客户反映不良扣分	3		
成本 20 分	降低物料成本，寻求各种浪费根源	查降本增效计划、措施和成效	8		
	跟踪并分析每月成本情况	查工位器具、辅料等消耗记录、分析情况，对异常消耗能做重点分析并及时解决问题	6		
	科学管理，提高生产效率	查工时平衡、参与工艺设备和提高生产效率等改进活动效果以及非计划性加班情况。不符合要求扣分，有突出改进加分	6		
人员发展 15 分	企业提供的培训和岗位培训	查培训计划和完成情况，未完成扣分	3		
	保证出勤率	查休假计划，考勤表。无故缺勤、无计划休假扣分	1		
	合理化建议	查合理化建议、实施效果和参加人数等资料。不符合要求或参加面不广扣分	3		
	不断学习，积极创新	查班组墙、学习交流记录。听取组员意见。学习气氛不浓，无记录扣分	3		
	完善班组基础工作	查班组建设工作计划、总结、人员概况表、考核指标完成情况表等有关资料	3		
	团队合作理念与主动参与精神培养	参与企业各项集体活动，遵守企业有关规定。有违纪、违章现象扣分	2		

第三章
现场质量检验

质量检验是组织的质量管理体系的重要组成部分，是确保向顾客提供符合要求的产品的必要手段。质量检验过程，涉及产品实现过程中的众多环节，构成一个相对独立的子体系。本章就组织的员工和检验员在现场从事的质量检验活动，阐述检验的基本概念、检验过程、检验责任和要求。

第一节　概　述

一、检验的概念

什么叫检验？检验是指通过观察和判断，适当时结合测量、试验所进行的符合性评价。或者说，它是对产品的一个或多个特性进行测量、检查、试验或度量，并将结果与规定要求比较，以确定每项特性符合性的活动。

上述定义告诉我们，检验的对象是产品，包括硬件、软件、流程型材料和服务等各种产品；检验的内容是产品的特性，诸如电视机的亮度、软件的易恢复性、瓶装水的含砷量、服务的响应时间等等，对有的简单产品只检验一个特性，对绝大多数产品都要检验多个特性；检验的方法，可以采用测量设备获得产品特性的量值，运用感官检查识别产品特性的程度，按照程序对产品实施试验以确定产品特性，以及就各产品特性的检验结果综合度量以确定产品的属性，如明确为优等品或一等品；检验的依据，或称接收准则，是规定的要求；检验的目的是通过将上述结果与接收准则比较，确定产品合格与否。

为什么要检验呢？因为在各种内外部因素影响下，生产过程是波动的，而且人是会犯错误的，由于技术的或生理、心理的因素，都会使生产的产品的某些特性不符合要求，产生不合格品。这就需要通过检验，甚至多次复验，检出不合格品，确保产品的符合性，以满足顾客的需求。

二、检验的产生和发展

检验是确保产品质量所必需的活动，因而人类早在一万年前的石器时代就开始对石器作极为简陋的检查。在古代，生产规模很小，由工坊主监视和检验产品的质量。随着生产的发展，工厂规模的扩大，开始由各生产领班分管检验，但随着工人人数的增加，当检验工作量超过领班所能支配的时间限度后，就产生了专职检验员。在我国，早在公元前四百多年就有关于检验的记载。例如，《周礼·考工记》一书中就有“命百工审查五库器材，审曲面势，以饰五材和以辨民器”的记载。

工业革命导致了大型公司的产生。在20世纪初，泰勒提出了科学管理的理论和方法，实行将“策划”和“执行”分开等措施，即将策划工作交给经理和工程师，工长和工人限于执行计划。泰勒的措施在提高生产率上取得极大成功，被美国各公司广泛采用，但质量的优先地位被削弱，产品不合格率上升。于是，就把检验人员从生产部门抽调出来。这样，检验作为一个过程也开始相对独立地划分出来，以验证“执行”的结果。在泰勒制的推动下，作为职能部门的检验部门相继出现，延续至今。在检验方面，我国也有辉煌的过去，但是作为现代企业的检验体制出现在50年代，通过几十年的发展，已逐步成熟。

当前，国内外在检验体制方面，采用了以员工自检、互检为基础和以专职检验为主导的形式，同时通过提高过程成熟度而减少检验，通过加强自检和互检而缩小专职检验的范围，从而降低检验成本和缩短生产周期；在检验技术方面，正在逐步应用计算机辅助检验，实施自动检验，以降低检验差错和提高效率。例如：应用电子技术和信息化手段，将检验系统与计算机辅助制造系统集成为一个系统，进行实时检测和自动分拣；采用模拟检测和试验的方法；使用卫星导航系统进行定位测量等手段；运用自动分析仪等设备和软件实行测试已较普及。这些技术的应用大大提高了检验工作的效率和检验结果的准确度。

随着科学技术的发展和生产力水平的提高，为适应人们对产品质量提出越来越高的要求，以及产品技术高度集成化和供应链全球化的趋势，质量检验必将引起人们进一步的关注，并促使组织持续改进检验体制和检验技术。

三、检验的作用

在产品质量的形成过程中，检验是一个不可缺少的过程，具有十分重要的作用。它通过鉴别产品的符合性质量，以防止不合格品的流转，确保向顾客提供符合要求的产品。其主要作用如下：

1. 把关作用

在产品从采购至交付的全过程中设置的检验点，对产品实施监视和测量，犹如道道关卡，能适时地鉴别产品的符合性，检出不合格品，防止不合格品的投产、转序和交付。检验在生产过程中起到了把关作用。

2. 报告作用

检验结果的数据，经收集、整理和分析，可提供产品质量水平和过程波动状况及其趋势的信息，可为采取纠正措施和预防措施，以及识别改进机会提供依据。检验是实施过程控制和持续改进的主要信息来源。

3. 证实作用

通过检验形成的记录及报告，以及产品的检验状态标识，都可以作为证据，向组织的管理者以及外部顾客和第三方证实，组织的质量管理体系的检验部分和产品质量会达到规定的要求。检验是组织实施质量保证的重要组成部分。

四、检验的类型

检验可按其实施阶段、实施时点、实施者和检验数量的不同分为若干个类别，如表 3 -1 所列。不同类别的检验，其检验的范围、目的或方式会有所区别。

表 3 -1　质量检验类别表

分类标志	检　验　类　别
实施阶段	购入检验、过程检验、最终检验
实施时点	首件检验、末件检验
实施者	自我检验（自检）、互相检验（互检）、专职检验（专检）
检验数量	全数检验、抽样检验

1. 按实施阶段分类

（1）购入检验，检验的范围是外购和外包（又称外协）的产品，诸如外购的原辅材料、元器件、软件、零部件和设备，以及服务等产品。检验的地点，在货源地或组织所在地。它在组织接收产品之前实施。购入检验的目的是确保不合格的产品不投产。

（2）过程检验，在制造业中又称工序检验。检验的范围是生产过程中的产品，即各生产过程完成的产品，其中，有的仅完成某过程的活动内容，有的已成为半成品。过程检验的目的是确保不合格的产品不转序。

（3）最终检验，又称成品检验。检验的范围是成品。对于有包装的产品还包括包装检验。它在产品已按要求圆满完成，交付给顾客之前实施。最终检验的地点在组织所在地或产品使用地，或者在选定的空域、地域或水域。最终检验的目的是确保不合格的产品不交付。

上述各类检验，在法律法规、合同有要求时，顾客和第三方将参加检验。对于顾客和第三方检验，统称为外部检验，详见本章第二节。

2. 按实施时点分类

（1）首件检验，检验的范围是成批生产的初始产品。产品经首件检验合格后，才能投入批量生产。首件检验的目的是评判过程能力，以确保后续产品的一致性，防止发生批量产品不合格。所谓产品批，是指在人员、设备、材料、方法和环境等条件相同的情况下连续生产的批量产品。因而，除首次生产外，在连续生产过程中，当上述各条件中任何一个条件变化后，如在模具调整或人员换班后，也要实施首件检验。首件检验的产品数量一般是一件，需要时检验多件。多件检验一般用于很稳定的过程的准确度设置的评定，如设置准确，则对数量有限的产品批，即可作合格品论。

（2）末件检验，检验的范围是产品批的最后一件产品。检验的目的是为评定整批产品的符合性提供信息，即通过末件检验的结果推断整批产品的质量。对于过程稳定的，如用模具冲压的零件，实施首末件检验合格后，对数量有限的产品批在过程中可以不作抽样检验，即能认可该批产品合格。

3. 按实施者分类

检验按实施者分类可分为自检、互检和专检，又称“三检制”。实行三检制是完全必要的。第一，通过多重检验，可使错检和漏检降至可接收的水平。多次重复检验能有效地降低错检和漏检率。假设：检验者一次检验的错漏检率 p 为 5%，则经两次独立的检验后被检产品的错漏检率 P 就

降为 $(5\%)^2=0.25\%$，余类推。随检验次数 N 的增加，多次检验后的错漏检率下降得很快，如图 3－1 所示。因此，实施自检、互检和专检能确保检验过程的质量。第二，因为产品和过程数量众多，受检特性的数量也很大，有些特性在生产的同时即可完成检验，要全部依赖专检是很不经济的，会使检验成本很高，所以必须由自检和互检承担。当然，自检和互检者应当具备所需能力，获得授权。第三，确保产品质量是生产和服务提供过程中每一个员工的责任，自检、互检是基层员工自主管理的有效形式。因而，实施自检、互检与专检相结合的体制是合适的。

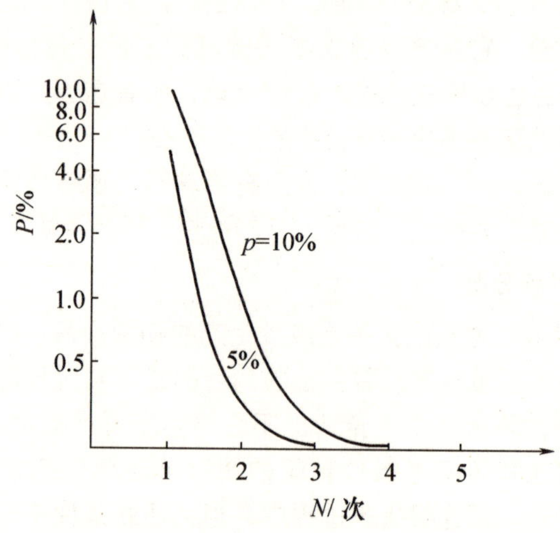

图 3－1　检验次数 N 和错漏检率 P 的关系图

（1）自检，即由生产者对自己生产的产品检验。自检在其从事的活动进行中或结束时实施。诸如：仓库管理员对购入产品的规格、型号、数量、外表状况和合格证书的检验；生产线工人对加工的零部件的尺寸的检验；厨师对菜肴的色香味形的检验；管道工对管路系统作密性试验；装箱工在封箱前对装货完整性的检验，等等。组织的所有生产者，都必须得到授权，对自己的工作结果实施自检、自评和自纠。它是既必要又经济的检验活动，是质量检验的基础。自检的有效实施，不仅可确保产品的符合性，在第一时间纠正不合格，而且可适当地减少互检和专检的工作量，以提高效率。

（2）互检，即由同岗位的其他人员或班组长，以及下道岗位实施的检验。互检的范围，可以与自检相同，也可以比自检范围小，只对部分特性，如部分关键和重要特性的检验。互检的时点，同岗位员工之间互相对产品的检验，以及班组长的检验，一般都在活动结束时实行；下道对上道产品的检验，在下道运作之前实行。下道互检至少应检查产品标识和验证状态标识，以及用感官检查表面质量和测量与本岗位工作直接相关的特性。下道互检的内容，除了对上道产品的复检外，还包括检查产品自上道流转至下道的过程中产生的不合格，例如：零部件碰伤拉毛和锈蚀变质、食材冷链中断、管道内腔沾污或有多余物，等等。互检是对自检的补充，具有自检和专检不能替代的作用。

（3）专检，即由专职检验人员实行的检验。检验部门和检验人员是一个与产品实现系统相应的一个组织系统。专职检验是在自检和互检的基础上实行的检验。检验的范围，覆盖产品从采购至交付的全过程。检验的主要内容，是产品的关键特性和重要特性。专检的方式，有固定检验和巡回检验两种。固定检验的任务包括：主要的外购和外包产品的购入检验；含有关键和重要特性的半成品的过程检验；成品的最终检验，以及对外提交检验。巡回检验的任务包括：生产过程中产品质量的监视和测量；对生产过程控制状况的监视并提供过程控制所需的反馈信息；对关键和主要过程的技术指导，以预防问题的发生。专检在质量检验中起主导作用。

4. 按检验数量分类

（1）全数检验，即对产品中的每个单位产品逐个实行检验，分别作出合格与否的结论。一般用于单件小批量生产，产品昂贵或具有关键和重要特性，检验过程不破坏产品本身的场合。全数检验，又称为100%检验。实际上，有些产品的关键特性，要实行多次复检，即200%的检验或百分之几百的检验。

（2）抽样检验，即按选定的抽样方案，从产品批中随机抽取规定数量的单位产品实行检验，根据检验结果来判定整批产品合格与否。如某抽样方案为（20/1）。它表示从产品批中抽取20个单位产品，经检验，其中不合格品数小于或等于1时，该批产品为合格批，反之为不合格批。它是基于数理统计的原理，用局部数据推断总体的产品符合性的方法。其采用的范围主要包括：液体、气体，或者粉状、粒状、线状、片状等固体形态的产品，以及其他连续生产的流程型产品；只能通过破坏或消耗产品全部或部分实行检验的产品；实行全数检验在时间上不允许或经济上不合理的批量产品。抽样检验有多种方法，除按批抽取之外，也可在连续生产过程中间隔一定的数量抽取。在抽样检验中必须遵循“同质同批、随机抽取”的原则，以降低误判的概率。

除上述的全数检验和抽样检验以外，也有免于检验允许产品流转、使用的场合，例如当过程能力指数足够高，其相应的不合格率水平处于可接受水平时。当然，即使在免于检验的情况下，适时通过检验获取数据，掌握产品和过程质量的水平和趋势，仍是必要的。

第二节　质量检验的过程

一、检验的策划过程

检验是一个比较复杂的过程，尤其当产品结构复杂、系统众多、安全性和可靠性要求较高时。为此，组织应按产品的类型、过程的特点、人员的素质、以往质量水平、测量设备的能力、检验自动化和数据处理信息化的程度等具体情况，以及顾客和第三方检验的要求，对质量检验活动实施策划，作出安排。策划的结果，可根据需要形成下列文件：

1. 检验计划。它是就特定产品规定检验程序以及所需检验资源的文件。内容包括：检验流程、检验点的设置、检验方式、接收准则、测量和试验设备、检验员的安排及新产品检验技术培训等。接收准则包括产品质量标准和其他技术要求，以及抽样方案等。

2. 检验程序。它是规定检验过程的途径的文件。诸如进货检验程序、工序检验程序、成品检验程序和安装检验程序等。内容包括：在何时、由何人提交、由何岗位、依据什么、检验什么、作何结论、形成何记录、作何标识，等等。对于重要、复杂或大型产品的试验，需建立试验程序，规定试验过程。

3. 检验指导书。它是规定检验及试验方法的文件。对于从事重要和较复杂检验工作的检验点，以及产品试验点，一般需要建立和保持本类文件。内容包括：检验对象、被检特性、特性要求、检测方法、检测手段、抽样方案和注意要点，以及记录和标识方法等。对于试验用的指导书，一般还包括试验条件、试验准备、试验步骤和试验报告。检验指导书也可采用检查表的形式。

4. 检验表格。它是供记载检验及试验结果的文件。栏目包括：检验对象、被检特性、特性要求、检测数据、检验结论、检验者和日期等。对于试验报告还包括试验条件、试验设备、试验时间、数据处理和参加者，以及必需的附件，如示意图、照片、仪器自动记录等。

上述文件均由从事检验管理的人员编制，现场工人和检验员必须理解相关的内容。

二、检验的实施过程

无论是专职检验，还是生产者的自检和互检，尽管检验任务有所区别，但其质量检验的实施过程是基本相同的，都要认真准备，精心操作。

1. 检验的准备过程

在检验之前，需做好相应的准备。具体的准备工作如下：

（1）技术准备。准备所有与本项检验有关的作为检验工作依据的文件，诸如：检验指导书、检查表、记录表格、图样、工艺文件、试验程序和技术标准等；同时，了解这些文件规定的各项要求和方法，理解产品特性不合格对下道、产品和成本的影响，掌握检验要点。

（2）物质准备。准备各类检验用物品、器材和设备，以及其他物质条件。诸如：测量设备、检验印章、标志标签、照明灯具和放大器；对于在实验室试验的，应准备工作环境的条件；对于在室外试验的，应选择符合要求的空域、地域或水域，以及相应的气象条件，等等。在检验及试验前，对测量设备，包括测量装置、信号源、计量器具、测量软件、标准物质和对比参照物等，应验证其有效性和测量准确度是否符合要求；对检验及试验的环境条件，也应通过测量，确认其符合性。

（3）产品准备。被检产品应具备一定的条件，除产品应当完成规定的作业和所需的清洁工作之外，还应当按检验及试验文件的规定，实施各项准备工作，尤其是重要、复杂或大型的试验，试验前应检查产品的试验条件和其他准备工作的符合性。

2. 检验的操作过程

检验过程可以是自动的、人工的或人机结合的方式实施。其一般过程如下：

（1）理解质量要求

检验者在检验时首先要理解质量要求和接收准则，包括抽样方案，明确其中含糊不清的问题。有些产品质量特性，除标准要求之外，还有允许偏离该标准要求的书面规定。该规定称为偏差许可，即凡在偏差许可范围内的，也作合格论，但均限定用途、数量和期限。

（2）检测

检验者通过自己的感官及辅助器具，如放大器、对比参照件等，或使用测量设备和所需的试验设备，按检验计划和程序，以及检验指导书和检查表的规定，对全部产品或抽取的样品，检查及测量产品特性。产品试验时，应全程监视和观察，记录各项试验结果。

（3）比较

将检测结果与接收准则比较，鉴别各特性与接收准则的符合程度。

（4）判断

根据比较结果，判断被检产品的符合性。判断后形成的检验结论包括：凡符合要求的，判为“合格”；不符合要求的，判为“不合格”。建立产品质量等级标准的，还需按照标准评级，如一级品、二级品，等等。属于抽样检验的，按抽样方案判断产品批是否合格。

（5）记录

按程序规定，将检测数据和检验结论，以及日期记录于表格，并签章；凡有产品随行文件的，如工艺流程卡，一般要在该文件上注明合格与否并签证；属试验项目者，还要整理数据，出具试验报告。

（6）标识

按程序规定，对被检产品作检验状态标识，即合格与不合格的标识。标识的形式可采用作标记、贴标签、挂标牌、随行文件标示、记录表记述、工位器具分存或存放指定区域等方法。在可行时，将不合格品隔离存放，以防误用。

3. 外部检验过程

外部检验是指由第二方和第三方实施的产品检验。第二方检验是指需方检验，即顾客的接收检验，按合同规定实施。第三方检验是指由政府或政府授权机构实施的法定检验或监督检验，以及由符合资质要求的技术检验机构实施的公正检验。实施公正检验的技术检验机构，由组织自选或由顾客指定。这些检验按国际公约、法律法规、强制性标准和行业技术规范，或与顾客商定的其它要求实施。

外部质量检验可按规定在采购、生产及交付的各个阶段实施。对于简单产品，一般仅对成品检验。

外部质量检验一般在内部质量检验合格后再对外提交，由第二方和第三方的代表实施。对于大型复杂产品的检验及试验项目，经各方同意，可以与内部检验及试验同时实行。对小型批量产品的监督检验一般由外部检验人员对成品进行抽样，在现场或外部检验机构实行检验。

对外提交检验或陪同抽样，一般均由检验员承担，需要时现场工人是参加者。在接受外部检验前，检验员和工人应分别完成所需的各项准备工作，以使检验工作有效和高效地实施。

4. 检验后工作过程

（1）质量证明

产品经最终检验合格后，应出具合格证明。对于简单产品，可在产品本体、铭牌或包装上盖章、打钢印、贴合格标签、封印或挂合格证等，这些工作是由现场工人或检验员承担的；对于复杂产品，尤其是大型产品，需编制质量证明书，需要时包括详尽的检测数据，这些工作是由检验部门管理人员承担的。

（2）不合格品控制

质量检验鉴别了产品的符合性。除合格品可转序、入库或交付之外，对不合格品应按程序予以控制。不合格品控制的目的是防止其非预期使用或交付。不合格品控制的过程包括标识、记录不合格状况、可行时隔离、评审并记录评审结论，以及按评审结论处置。在这个过程中，现场工人和检验员是参加者，承担标识、记录不合格状况、不合格品隔离和部分评审工作，以及负责不合格品的处置。

不合格品评审活动的属性与检验不同：质量检验属符合性判定，即判定产品是否符合标准要求，作出合格或不合格的结论；不合格品评审属适用性判定，即判定产品是否适合使用的要求，作出可用或不可用的结论。可用的结论包括返工、返修或让步接收等；不可用的结论包括报废、拒收或退回供方等。让步接收是指对使用或放行不合格品的许可，又称回用。在法律法规、强制性标准或合同有规定时，让步接收需要获得顾客或其他检验机构的批准。不合格品评审是一项技术性很强的工作，由程序规定的受权人员实行，有些组织设立不合格品审理委员会负责评审。由于不合格品中的不合格特性的重要性程度及其偏离标准的程度不同，大多数组织采用分级评审的方法，规定某些轻微的不合格品、返工品和低值的明显的废品，以及已规定返修方法及其接收准则的不合格品，授权现场工人和检验员评审，直接决定处置，以提高效率。

在不合格品处置中，凡作返工或返修的，其后都需要重新检验。在不合格品处置后，操作者要分析是否存在与本人工作相关的系统原因，在技术上可行和经济上合理时采取措施消除产生不合格品的根源。

第三节　质量检验的责任和要求

一、质量检验的责任

产品质量是在产品的实现过程中形成的，其中生产过程是形成产品实体，确保其符合性的主要阶段，从这个意义上说，产品质量是生产出来的，或者说是一线员工做出来的，而且，有些质量特性在技术上无法实施检验以判别其符合性，这是主要方面；另一方面，必须注意到，质量检验在产品质量形成过程中的贡献和不可替代的作用，如果没有检验，则不可能确保产品始终符合要求。例如：某批材料不合格，因未经检验剔除进入了生产线，那么用这批材料生产的产品要成为一批合格产品是不可能的。因此，对生产员工而言，肩负着既要做出合格产品，又要自检互检把住质量关，不让不合格品流转、使用和交付的双重责任。因而，质量检验既是每个现场工人和检验员的责任，同时也是组织的责任和组织应当履行的社会责任。

1. 岗位责任

实施检验是生产岗位的重要职责，更是专职检验人员的本职任务。各岗位都应本着对下道、产品、组织、顾客和社会负责任的态度，认真实行检验，剔除不合格品，把住产品质量关。

2. 组织责任

组织责任又称企业责任。首先，企业作为法人，对其所提供的产品承担与产品质量有关的民事责任。其次，产品质量检验是一项系统工程，实施系统管理，是企业的责任。因为，产品是一个系统，生产产品的过程是一个系统，因而以产品为控制对象的检验过程也是一个系统；它是质量管理体系中的一个子体系；确保检验体系的有效运行，包括确保自检、互检和专检的有效实施，只有组织能承担，是组织的责任。组织应当通过系统管理，做到“不合格的原材料不投产，不合格的半成品不转序，不合格的成品不交付”。每个员工都应当在组织的统一安排下为实现这个目标作出贡献。

3. 社会责任

不合格品一旦流入社会，轻则造成经济损失，重则导致重大事故及人员伤亡，产生严重后果和恶劣影响，给顾客、社会带来不可估量的风险和危害。因此，任何组织及员工都应当从履行社会责任的高度，认识到实施质量检验的重要性和肩负的责任。

二、质量检验的要求

1. 质量检验过程和结果的要求

质量检验过程是质量管理体系过程的一部分。质量检验过程的目标是准确地判断产品的符合性。这就要求在检验过程中防止发生将不合格品漏判或误判为合格品，以及将合格品错判为不合格品的错误，以确保产品的符合性，同时避免因错检、漏检产生的损失。

为了确保产品的符合性，就应当控制检验过程的质量。控制的主要任务是防止检验差错的发生。检验差错主要来源于实施检验的人员，包括现场工人和检验员。检验差错按其成因分析，大致有三种：一是由技术能力不足引起的技术性差错；二是由生理或心理因素，包括粗心大意引起的疏漏性差错；三是由质量意识不强引起的违规性差错。

为了降低检验差错，需要在技术和管理两个方面采取措施，诸如：实施自动化检验，以减少人为差错；增加重复检验的次数，以降低差错率，等等。其中，重要的是要明确对人员的要求，予以培训和资格鉴定。

2. 现场检验人员能力的要求

检验作为一个过程，存在于采购、生产和交付过程的各个环节，是通过现场工人和检验员的具体工作来实现的。他们的工作质量是确保检验有效性的关键因素；确保工作质量的基础在于他们本身的能力。从事检验工作的人员必须具备相当的能力。其能力要求主要包括以下几个方面。

（1）质量意识。应当确保现场员工和检验员意识到检验活动的重要性，理解没有检出不合格品对下道、产品、组织、顾客和其他相关方的负面影响，以及将合格品判为不合格品产生的损失。

（2）身体素质。检验过程，实际上是识别不合格项的过程。无论用设备检测还是用感官检测，对人的生理和心理都有一定的要求。例如：大多数的检验都离不开感官功能，尤其是视觉功能。

（3）知识经验。检验工作是一项较复杂的技术工作，实行检验的人员必须对质量要求有充分的理解，能对测量数据进行处理，对过程方法有深入的认识，对不合格品的成因有丰富的经验。因而需要一定的理论知识和实践经验。

（4）检测技能。检验活动由一系列的检测动作组成，这就要求检验者具有熟练的技巧，正确地完成所需要的动作，准确地获得检测结果。这就要求他们了解测量设备的功能，掌握操作这些设备的方法和计量检测的技巧等。

3. 现场检验人员培训和能力评定的要求

如上所述，要具备这些能力，所有从事现场检验工作的工人和检验员都需要学习，除了本人自学外，组织应当提供相应的培训，包括在实践中指定人员带教检测操作方法，并要对培训的有效性实施评价，满足要求后才能上岗。对于专职检验人员，有些组织还规定需要实施资格鉴定。

（1）现场检验人员培训的要求

培训的主题是产品符合性判定的方法，尤其是对质量特性的理解和掌握检测操作的技能。培训的内容一般包括：质量意识、产品要求、产品结构和原理、生产过程和方法、材料性能、检测技术、抽样检验、误差分析、数据处理和质量检验程序，以及防止检验差错的方法等。上述内容中有相当一部分与现场员工岗位培训的课程基本相同，为提高现场员工的检验能力，还需要适当地扩展和深化。

例如，现场员工都要理解在生产和检验过程中的两种离差。一是偏差，即产品的实际值与质量要求的公称值之间的差值；二是误差，即被测量的实际值与测量结果之间的差值。这些差值可能是正值，也可能是负值。偏差是由于生产过程的波动引起的，它影响产品的一致性和符合性（其背景知识可见第五章第二节）。误差是由于测量过程的设备、环境条件、测量方法和人员行为等因素引起的，如人为的对仪器示值的估读误差等，它影响产品检验结果的正确性，即发生将合格品误判为不合格品，或将不合格品错判为合格品的错误。图3－2（a）描述了进行逐件检验的批量产品的质量特性值的分布，图中T为公差范围，图中的斜线部分表示了由偏差产生的不合格品的比例。若无测量误差，则在检出不合格品后，判为合格品的产品质量特性值的分布为公差界限两侧的截尾分布，见图3－2（b）。当存在测量误差时，则会对处于公差界限附近的一些产品的检验结果产生较大影响，见图3－2（c）。图中的实线描述了被判为合格品的质量特性值的分布。其中，反斜线部分表示了把合格品判为不合格品的比例，正斜线部分表示了把不合格品判为合格品的比例。因而，控制制造偏差和测量误差是现场质量控制的主要任务。那么，怎样才能减少测量误差呢？显然，要控制影响测量结果准确度的各种因素。如在测量方法方面，可以通过适当增加测量次数，取测量平均值作为测量结果，就能减小测量误差。也就是说，当产品的特性值在公差界限附近时，通过多次测量，就能有效地减小由随机原因引起的测量误差，减小的程度与测量次数的平方根呈函数关系。若测量 3 次，则测量误差就为测量 1 次的 $1/\sqrt{3}$；若测量 5 次，则误差为原来误差的 $1/\sqrt{5}$，即 45%，效果是比较好的。图 3-3 描述了测量次数 n 与测量误差减小比例 f 之间的关系，图中 $f=1/\sqrt{n}$。

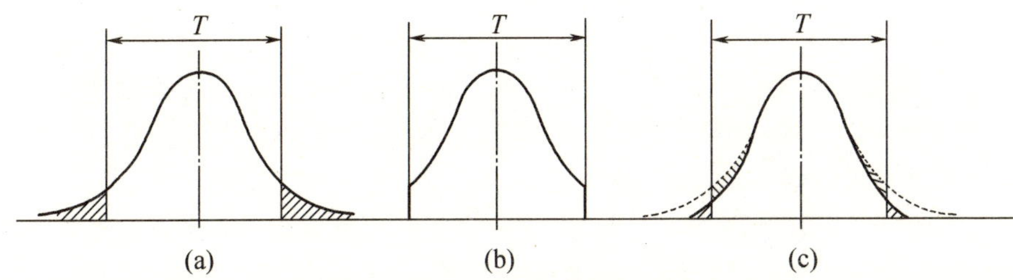

图 3-2　测量误差对检验结果影响图

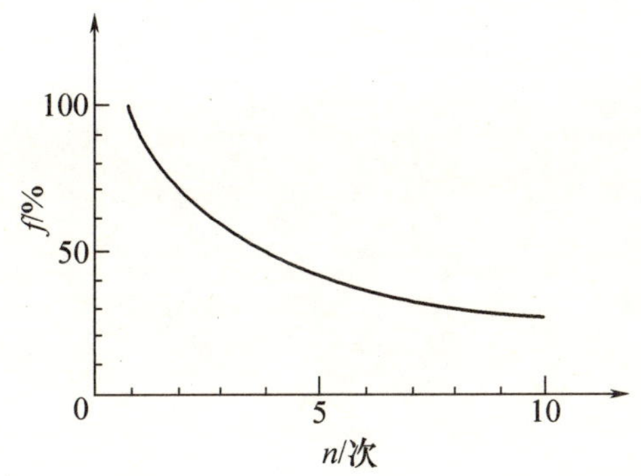

图 3-3　测量次数 n 与测量误差减小比例 f 的关系图

例如上述与检验直接有关的内容，都是在培训中需要扩展和深入学习的。

（2）现场检验人员能力评定的要求

①现场工人的检验能力考核。工人从事自检和互检应当具备的知识和技能，应当在上岗之前纳入任职条件予以考核，满足要求后才能发证、授权、上岗。凡授权工人对产品符合性作最终判定的，应通过对其生产过程中的检验结果的考核，才能予以授权。

②现场检验员的资格鉴定。现场检验员在“三检制”中起主导作用，确保其具备所需的能力，实施资格鉴定是需要的。从事感官检验的检验人

员，以及实施高安全性、高可靠性或大型产品检验的检验员一般都要经过培训、考核、评定、发证和授权的过程。有些组织还建立了专门的检验人员资格鉴定委员会，按规定程序和任职条件实施人员能力评价。资格证书的有效期，有些组织规定三年，到期复审。这项制度能有效地支持质量检验职能的实现。

第四章 群众性质量改进活动

群众性质量改进活动是指企业员工在组织者的倡导和领导下，围绕企业的发展战略和提高产品质量、服务质量、管理质量，包括节能降耗减排、提高效率降低成本等目标，结合本岗位的实际情况，运用各种科学管理的方法，以各种方式开展的质量改进的活动，从而不断提高产品与服务的质量，以及管理的绩效。

第一节 概 述

一、群众性质量改进活动的起源

群众性的质量改进活动是随工业化的发展而孕运而生的。近100年来，质量管理的理念和方法，不断伴随科技和社会进步从质量检验阶段逐步发展到统计质量控制和全面质量管理阶段，这个过程是不断地从突出“以物管理”向更加注重“以人为本”的科学管理转变，以顾客为关注焦点，实现人与自然的和谐发展，全员职业自觉、现场主动的积极参与，成为全面质量管理最重要的核心和根本。

群众性的质量改进活动具有代表性的形式是QC小组活动，首创于日本。早在20世纪50年代，日本开始对现场负责人开始质量管理教育，并出现了“现场QC讨论会”的组织，1962年在石川馨博士的倡导下，正式改名为“QC小组”，开始在全国进行注册登记，第一个登记的是日本电公社松山搬运机QC小组。1964年，日本科技联QC小组本部成立。

1966年，在欧洲质量组织年会上，由朱兰博士介绍，QC小组活动开始被国际认知。

1973 年，世界第一次石油危机后，日本企业借助全面质量管理渡过了经济危机，树立了“日本制造”的质量形象，许多国家和地区在派遣代表团赴日本学习考察中，了解和体会到了 QC 小组对现场质量问题改进所发挥的巨大作用，于是纷纷开始学习引进。几十年来，根据各自国家和地区的特点，冠以了不同的称谓，并发展形成了相似的活动形式，如改善提案、六西格玛项目等。经过半个多世纪的普及与推广，QC 小组及其相似的群众性质量改进活动，已经成为许多国家和地区质量改进活动不可或缺的组成部分。目前，全球大约有 70 个国家和地区在开展 QC 活动。

群众性质量管理改进活动在我国有深厚的基础，早在 20 世纪 50 年代初，就有马恒昌小组、毛泽东号机车组、郝建秀小组、赵梦桃小组等一大批先进班组，坚持“质量第一”的方针，对工作认真负责、一丝不苟，在提高产品质量上做出贡献，提供了班组质量管理的好经验。60 年代，大庆油田坚持“三老四严”“四个一样”和“质量回访制度”，在班组内开展岗位练兵，天天讲质量、事事讲严细，做到了“项项工程质量全优”，出了问题就“推倒重来”。1964 年，洛阳轴承厂滚子车间终磨小组首创了“质量信得过”活动，多年来加工的轴承滚子“自己信得过、检验员信得过、用户信得过、国家信得过”，成为我国第一批质量信得过班组。所有这些群众性的质量管理活动，为 QC 小组在我国的建立和发展奠定了坚实的基础。

1978 年 9 月，北京内燃机总厂在学习日本全面质量管理的过程中，诞生了第一个 QC 小组。为积极推进 QC 小组活动，中国质量协会联合全国总工会、共青团中央、中国科协每年召开“全国质量管理小组代表会议”。成立于 1986 年的 QC 小组工作委员会，具体指导全国 QC 小组活动的开展。据统计，我国每年大约有 1000 多万名职工通过 QC 小组的形式参加质量改进活动。

当前，QC 小组活动依然是群众性质量改进活动的主要形式，活动的主题从现场质量问题解决型探索拓展到创新型，活动形式越来越注重学习与改进相结合，质量工具的运用水平不断提高，活动成果标准化成为企业知识管理的重要组成部分，与改进提案、合理化建议活动以及六西格玛改进项目的结合程度越来越紧密，相互借鉴学习，形式更加灵活多样。

二、群众性质量改进活动的特点

群众性质量改进活动突出表现为充分的自主性、广泛的群众性、高度的民主性、严密的科学性和改进的持续性，以及“小、实、活、新”的特点。

1. 充分的自主性

无论群众性的质量改进活动是以何种形式开展的，合理化建议与改进提案也好，质量管理（QC）小组活动与“六西格玛改进项目”也好，都是以职工自愿参加为基础，实行自主管理、自我教育、互相启发、共同提高，充分发挥参与改进项目的每个成员的个人潜能和创造力。自主性是群众性质量改进活动的最主要特点，改进活动无需行政命令，强调自我选题、自愿组合、自主管理、以人为本，尊重并着力于激发职工的主观能动性。

2. 广泛的群众性

群众性质量改进活动的形式是多种多样的，这些形式的一个重要特点，是能够让全体员工积极参与，容易吸引在生产、服务第一线的操作人员参加，员工通过参与自主的改进活动，主动发现本岗位、本部门的质量问题，提高质量责任意识，提高学习新知识和掌握新能力的积极性，为提高岗位绩效和组织绩效尽责尽力，实现个人与组织共同成长的双发展。因此，群众性的质量改进活动，不是“精英”的活动，不是优秀改进项目的“秀场”，重点在于全员参与，参与率、人均项目数是评价活动水平的主要标志。

3. 高度的民主性

群众性质量改进活动的项目组织，如QC小组、六西格玛项目组，其组长可以是民主推选，也可以轮流担任，人人在小组活动中都有发挥聪明才智和锻炼成长的机会；同时，在小组内部讨论问题、解决问题时，成员之间是平等的，不分职位与技术等级高低，各抒己见，互相启发，集思广益，保证既定目标的实现。

4. 严密的科学性

群众性的质量改进活动，需要严格遵照PDCA循环的方法，运用全面质量管理的理论和方法开展活动，在活动中坚持用数据说明事实，用科学的方法与工具来分析问题和解决问题，而不是凭“想当然”或个人经验。通过科学规范的质量改进方法，提高分析问题的水平和解决问题的能力，从而提高员工“选择做正确的事情和正确地做事情”的能力。

5. 改进的持续性

质量改进活动是一个不断发现问题和解决问题的持续过程。随着社会的发展，科学技术的进步，顾客期望的不断提高，新的质量问题会不断产生和被发现，因此，群众性的质量改进活动必将不断地深入开展，领域不断拓宽，目标不断提高，方法不断改进，永无止境。

6. “小、实、活、新”

“小”是指小课题、小项目，避免片面追求力不能及的“大而全”课题；“实”是指活动内容结合岗位实际，效果明显；“活”是指形式灵活多样，对广大员工具有吸引力；“新”是指思想观念、活动形式、成果总结和发布分享都要不断创新，不墨守成规。

三、群众性质量改进活动的作用

产品质量和服务质量是通过企业内部所有员工高质量工作得以实现的，质量管理要求所有员工全过程、全方位地参与，全员参与的重要标志和载体就是群众性的质量管理和改进活动。企业是否全心全意依靠员工，员工是否积极参与质量管理，就看企业是否构建了全员参与的群众性质量改进创新的机制和平台，员工是否专心致志地围绕本岗位的职责和质量要求持续开展改进活动。群众性的质量改进活动水平，是衡量企业凝聚力、员工向心力的重要标志。

开展群众性的质量改进活动，能够体现现代管理以人为本的思想，调动全体员工的积极性和创造性，加速员工在持续改进过程中的学习和成长。同时，通过群众性质量改进活动的交流，有助于增进部门与部门、流程与流程之间的互信和相互学习，积累组织知识，塑造团结向上、充满生机和活力的企业文化。促进产品和服务质量的提高，降低成本，创造效益，增强企业的质量竞争力。

群众性质量改进活动的作用已经得到了广泛的认可，可以归纳为：

（1）有利于开发智力资源，发掘人的潜能，提高人的素质；

（2）有利于预防质量问题和改进质量，降低成本；

（3）有利于实现全员参与管理；

（4）有利于相互沟通、改善人际关系，增强团队协作精神；

（5）有利于改善和加强管理，促进管理水平的提升；

（6）有助于提高员工的科学思维能力、分析问题和解决问题的能力、组织协调能力、总结提炼和表达交流能力，促进职工岗位成才；

（7）有利于提高内部和外部顾客的满意程度。

四、群众性质量改进活动的组织

群众性质量改进活动需要企业加以组织和引导，确认群众性质量改进活动在企业管理中的地位，搭建多层次、多形式的员工参与质量改进的平台，通过相应的组织机构，对群众性质量改进的成果进行认定、评价与交流，推进群众性质量改进活动持续有效地开展。

1. 教育培训

质量管理始于教育、终于教育。群众性质量改进活动参与者众多，且需要掌握科学的方法，通过相关的教育培训可以使全体员工提高质量意识、问题意识、改进意识和参与意识，掌握正确的方法，更加自觉、有效地参加管理和改进活动。

在教育培训的方式方法上，可以针对不同的层级对象采用分层培训的方法，从管理者做起，按照组织者、班组长骨干、全体员工等不同层次进行有针对性的培训。要特别注意实践性的培训教育，通过带课题的互动式培训、现场指导课题开展、典型案例分析交流等方法，让组织者、班组长骨干等快速掌握相关方法，熟练运用各种改进工具。

2. 建立制度

企业应根据自身状况和条件，建立健全职责明确、活动载体清晰、管理流程规范、评价激励标准科学的群众性质量改进活动的管理制度。为开展活动提供环境和资源条件，为员工的改进成果认定和个人职业发展相结合提供制度保障，为活动管理和组织推进建立管理要求，将群众性的质量改进活动作为企业科技创新的重要组成部分，将其改进成果纳入企业知识管理的范畴，使群众性的质量改进活动做到规范化、科学化、日常化。

3. 活动指导

各级领导与组织者应对群众性的质量改进活动给予具体指导，当好参谋与顾问。首先，对改进课题的选择应予以关注，确认课题是否符合实际情况，是否力所能及，是否有相关的成果可以移植借鉴，必要时提出调整的建议。其次，在活动过程中要积极支持和帮助，给予必要的指导和协调，使活动能够开展下去。最后，在成果总结时，应及时听取报告，给予鼓励肯定和相应的指导。

4. 评价激励

高层管理者对群众性质量改进活动的认可与激励，是活动能够持续发展的重要条件。因此，管理者应当把群众性质量改进活动纳入议事日程，对活动的组织推进情况进行考评；建立和完善成果的评审、奖励、表彰体系，把员工的改进成果与个人成长结合起来；组织改进成果的发布交流活动，为群众性质量改进活动提供和创造“自我启发、互相学习”的平台和机会；支持员工参加外部的交流，关注群众性质量改进活动的发展变化新动向。

第二节　基本方法

一、运用 PDCA 循环的方法

群众性的质量改进活动要遵循 PDCA 循环的要求，就是要让员工在参与质量管理和改进活动中，学会和掌握选择做正确的事情和把事情做正确的方法。

PDCA 方法详见第五章。本章重点介绍 RG－PDCA 在群众性质量改进活动中的使用。本方法突出强调了在原 PDCA 循环的“P”阶段中调查研究、确立目标的重要性，更加关注选择做正确的事情，更加关注目标的先进引领作用。

按照“R”阶段调查研究、选择课题，“G”阶段确立目标，“P”阶段分析原因、制定对策，“D”阶段实施对策，“C”阶段监视测量、检查效果，“A”阶段纠偏对策、巩固措施、提出下一步打算的循环要求开展活动，是群众性质量改进活动的基本方法。在此过程中，调查研究应当根据企业发展要求和内外部顾客的期望，查询相关的知识信息，考虑自身的能力水平，选择合适的改进课题；确立目标应当结合企业发展要求和顾客的期望，对标先进水平，提出可测量的改进目标；分析问题的原因，应当找到关键的影响因素，并针对关键要因提出改进的对策措施；实施对策应当严格按照改进对策逐项实施措施；检查阶段应当对每项对策措施的实施效果和改进目标的达成情况进行检查；最后，应当对没有效果或者改进目标没有实现的情况进行原因的再分析、措施的再策划和再实施、效果的再检查，直到改进目标的实现，并总结改进成果，将改进措施通过标准化加以保持，对遗留问题或下一步改进提出设想与打算，启动新的改进项目，不断地循环。

二、运用统计工具和分析方法

群众性的质量改进活动要坚持以事实为依据，用数据说话。活动中的课题选择、目标确定、问题分析、要因确认、对策措施的制定和效果评价等，都要有证据来说明，而所提供的证据必须是客观存在、经得起检验和推敲的事实和数据。因此，要在活动过程中观察、收集、记录、积累数据，并进行整理和分析，寻找数据背后的内在联系和变化规律。

为了选择课题、确立目标、分析原因、取得证据，要调查研究收集大量的数据，需要借助统计技术和分析方法。可以应用的方法很多，例如：简易图表方法，如折线图、饼分图、雷达图等。又如调查表、排列图、分层法、亲和图、因果图、系统图、关联图、矩阵图、流程图、直方图、控制图以及 FMEA 等方法。这些方法详见第五章。此外，还可以应用价值工程、正交试验设计、水平对比等。凡是对分析问题、解决问题有作用的工具都可以应用。

群众性的质量改进活动是员工实践性学习的重要载体，应当大力倡导学习与改进相结合的方法，提供学习机会，让员工在改进的过程中，掌握科学的工具和方法，实现企业和员工共发展。

第三节　主要形式

一、质量管理小组活动

质量管理小组活动，又称 QC 小组，是群众性质量改进的主要形式。按照小组活动课题类型的不同，方法和程序可划分为“问题解决型”和“创新型”两种。

（一）“问题解决型”课题的活动方法和程序

“问题解决型”QC 小组活动，指针对生产作业与服务过程、产品与服务的质量、工作和管理的效率等问题所进行的攻关或改进活动类型，这类改进活动的程序及每个步骤对应的 RG－PDCA 循环见图 4－1。

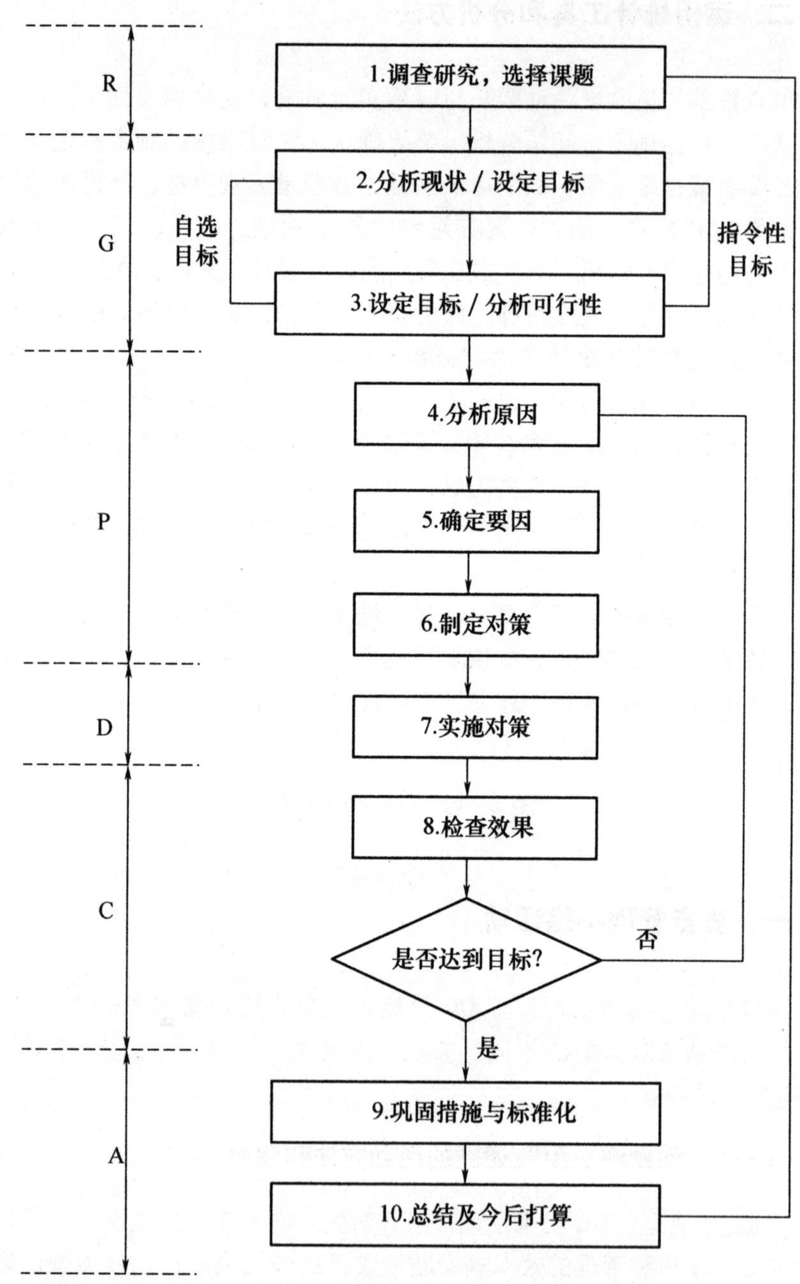

图4-1　“问题解决型”QC小组的活动程序

1. 基本步骤与要求

通常，“问题解决型” QC 小组活动的步骤及内容如下：

（1）调查研究，即发现问题，识别改进机会与改进要求；选择课题，即根据重要性的优先次序、能力资源约束等情况选择好课题；

（2）分析现状，即分析现状，找出存在的主要问题；

（3）设定目标，即设定课题活动要达到的目标；

（4）分析原因，即分析产生问题的各种影响因素；

（5）确定要因，即找出主要的影响因素；

（6）制定对策，即针对主要因素制订改进措施计划；

（7）实施对策，即逐项实施改进措施计划；

（8）检查效果，即检查每项措施的实施效果和活动总目标的达成情况；实施纠偏，即对没有达到目标效果的对策措施进行原因分析，实施再改进；

（9）巩固措施与标准化，即制定巩固措施，将有效的措施标准化加以保持；

（10）总结及今后打算，即总结成功的经验，将遗留的问题转入下一个 PDCA 循环。

在实际的质量改进活动过程中，调查研究选择课题、分析现状确定目标、分析原因制定对策这三个环节往往是个系统思考和整体规划的完整过程，相互关联、相互作用，不断完善，有时候甚至先后次序也会发生颠倒。因此 QC 小组应把这些环节作为一个整体来进行谋划，必须强调的是每个环节都不能少，应互相印证关联和支持，同时要特别注意选择做重要的和正确的事情。

2. 具体方法

（1）调查研究，选择课题

①课题来源

QC 小组的活动的课题一般有以下三种来源：

a）自选选题，小组根据本部门中存在的问题，结合整个企业的发展要求、方针目标、内外部顾客要求等，自主选择要解决的课题；

b）推荐性选题，一般由企业的主管部门根据企业实现发展目标需要，结合合理化建议的征集甄选结果，推荐并公布一批可供选择的课题，或以招投标的形式，由小组根据自身的条件选择力所能及的课题；

c）指令性课题，即由上级主管部门下达的课题，这种课题通常是企业生产经营活动中迫切需要解决的重要技术攻关性课题。

②调查研究

QC 小组活动在选题时的调查研究，需要包括以下方面：

——企业方针目标和中心工作对本岗位、本部门的要求；

——用户（包括下道工序）的需要与期望；

——生产或服务过程、产品、效率方面存在的关键质量问题或管理上的薄弱环节，以及它们的重要程度和改进的优先顺序；

——科学技术和社会发展的新成果、新要求、新趋势对本岗位、本部门的影响与改进的新机会；

——与竞争对手、标杆优秀实践的差距；

——以往的经验和知识，包括曾经的改进情况、类似的改进成果；

——实施改进所需的资源和能力，以及获取这些资源的可能性；

——实施改进后可能会对其他相关流程、方法、质量、要求等带来的影响。

③选题范围

选题范围可以是但不局限于以下方面：

——提高产品（工程等）质量，改进产品的性能、寿命、可靠性、安全性、经济性、可销性等；

——提高服务质量，改进服务方式与服务标准、提高服务响应速度、创新服务内容、提供增值服务等；

——节能降耗减废，综合利用资源、降低成本、提高效益；

——提高工作效率，提高设备装备、人员工时利用率等；

——强化设备、工装管理，提高现场管理水平；

——应用或开发新的质量控制技术，以及新材料、新工艺、新技术推广应用；

——安全生产、文明生产、均衡生产；

——加强环境保护；

——提高职工素质、加强员工团结协作、抓好两个文明建设等。

④选题注意事项

选题时应注意以下事项：

——要有依据，调查研究要全面，注意选择做重要的和正确的事情；

——要具体、明确，避免空洞模糊；

——要小而实，避免大而笼统；

——可以先易后难，避免久攻不下。

——选择课题可以运用调查表、头脑风暴法等方法。

（2）分析现状

分析现状的目的是为了设定可行的目标，应注意以下问题：

——要针对某一时间段的数据资料进行整理，用数据和事实说话；

——要以统计图表来展示和表达现状，让数据可视易读；

——要针对获取的数据进行整理、分类、分层分析，寻找到问题的症结；

——有竞争对手和标杆优秀实践资料信息的，应分析它们为什么比我们好、我们可以学习赶超什么；

——要明确现状与课题目标之间的关系，对实现目标的可行性进行分析评估；

——如果课题的目标是指令性的，在设定目标之前的现状分析主要是针对目标的可行性进行分析，弄清楚现实状态与指令目标之间的差距及关键所在，并明确解决哪几项问题才能达到目标值。

现状调查可以运用调查表、排列图、折线图、饼分图、控制图、直方图等方法。

（3）设定目标

有一个好的目标就会有一个好的开始，目标设定时应注意：

——目标应与课题的期望结果相一致，并考虑对其他结果（目标）的相关性；

——目标应当可以测量，宜以定量值表示，并有实现目标的时间计划；

——目标值要体现先进性和可行性，不能过高或者过低；

——自定的目标值，在确定前应经过科学的测算，有数据和事实说明目标的可行性。

设定目标可用水平比对（标杆分析）法、趋势图等方法。

（4）分析原因

目标设定之后，应对问题展开具体的分析，找出产生问题的原因，即原因分析。原因分析的目的是要找到末端影响因素，以便有针对性地策划改进措施。在原因分析时应注意：

——要从“人、机、料、法、环、信、测”等方面寻找问题的影响因素，要罗列出所有的影响因素；

——用系统的方法把影响问题产生的因素分析到末端，即可以针对它（末端因素）直接采取措施为止。

分析原因可运用因果图、系统图、FMEA、头脑风暴法等方法。

（5）确定要因

所有可能影响问题产生的原因，对问题的作用程度是不一样的。找出影响问题的主要原因（要因）加以解决，是抓住重点和关键实现课题目标的重要方法和途径。

①确定要因的步骤：

要因确定可以按照下列步骤进行：

——把因果图、系统图或关联图中的所有末端因素收集起来；

——在末端因素中剔除小组无法解决的因素；

——对剩下的末端因素逐个进行现场验证（如：观察实物、测量、检验、试验、调查比对等），找出真正影响问题的主要原因。

②确定要因的注意事项：

要因确定时应注意：

——要根据影响因素对所分析问题的作用程度大小来确定，而不能根据它是否容易解决来确定；

——要因确认时应明确验证的依据，如文件的规定及测量指标和方法等等；

——末端要因要逐条确认，以免遗漏主要因素；

——验证的结果应有数据和事实支撑。

要因确认时可以采用 **FMEA** 等方法。会经常用到要因确认表，其形式可参见表 4－1。

表 4－1　要因确认表

序号	末端因素	验证依据	验证方法	验证结果	验证人	验证时间	是否要因

（6）制定对策

要因确定之后，就可以分别针对所确定的不同要因制定不同对策。应对照目标值采取相应的措施以达到预期的目的。

制定对策时常用对策表，其形式按照5W1H设计，参见表4-2。

表4-2 对策表

序号	要因	对策	目标	措施	实施	实施人	完成时限	检查人

制定对策时要注意：

——针对末端要因制定对策；

——明确对策后，应注明需达到的目标要求，以利于对措施有效性进行验证；

——措施是对策的展开和细化，包括使用的方法等；

——要明确对策措施实施的地点、区域或范围；

——要根据措施的难易程度，规定完成的时限要求；

——确定负责每一项措施的实施人和检查人；

——要统一考虑专业技术和管理技术；

——对策的初始方案，最好由所在岗位的成员提出；

——对策一定要经过小组讨论后确定。

(7) 实施对策

对于已制定的对策，小组成员应严格按照对策表要求实施。

对策实施时应注意：

——严格按照对策计划实施，做好实施记录；

——实施过程中组内成员应加强沟通；

——必要时可对对策进行调整或修订；

——每项措施实施完成后，应将实施效果与该项措施的目标值相比较，若未达到，应及时分析原因并采取相应补救措施；

——在实施过程中，可以穿插必要的学习活动。

(8) 检查效果

对策实施后，要按照新的方法和要求进行试生产（工作），并收集数据，检查对策措施的所取得的效果。

效果检查时应注意：

——效果检查是针对所有措施实施后的总体效果，要以事实和数据为依据；

——成果的经济效益应由财务主管部门确认；

——技术、管理性的成果，应经有关主管部门确认；

——效果检查的项目应能反映课题目标值的实现情况；

——活动成果的有效性应有相应的巩固或验证期的数据表明。巩固或验证期的时间区间应根据不同产品或服务的特性确定，应与活动前所收集数据的时间段相对应，具有可比性，并能说明效果是稳定的。

检查效果时如果发现课题没有达到预期目标，应重新分析原因、制定对策、实施对策、检查效果的再循环，直至目标的实现。在这一环节中必须坚持：

——不能轻易改变目标；

——当环境、资源、要求等条件发生重大变化时，必须重新按照RG－PDCA 循环的要求实施改进课题；

——可以请求组织和专家诊断帮助。

（9）巩固措施与标准化

措施实施并验证有效后，要把效果保持下去，并防止问题的再发生，即巩固措施和标准化，这时应注意：

——必须是被活动实践证明行之有效的措施，如变更的工作方法、操作或服务标准、变更的有关参数、图纸、资料、规章制度等，才能纳入有关的文件、标准或规程等规范性文件中；

——按照企业规范性文件的管理要求，申报修订、经过审定和得到批准；

——宣贯新标准、新规定，并检查确认新标准、新规定得到有效执行；

——小组活动中的数据资料、总结报告、技术诀窍等，按照企业相关规定保存与分享。

（10）总结和今后打算

课题完成后，小组成员要一起对整个活动的开展情况进行总结，回顾课题过程，总结经验体会，找出存在不足，并形成成果报告，以提高后续课题活动的水平。

①总结的内容

——此次活动除了解决本课题的问题外，还解决了哪些相关问题，还需要抓住哪些没有解决的问题；

——检查在活动程序、以事实和数据为依据以及工具和方法的应用等方面的成功经验与不足之处，有哪些心得体会；

——总结此次活动所取得的悟性成果，可以从意识和能力的提高、QC 活动方法的掌握、解决问题的信心、团队精神的增强等几方面来总结；

——提出下一次活动要解决的课题，把 QC 小组活动持续地开展下去。

②总结活动的注意事项

QC 活动总结与报告是培养员工提炼归纳能力、互动交流能力的重要手段，也是分享经验成果、开展组织知识管理的重要一环，在总结与报告中要注意：

——RG－PDCA 循环各阶段和步骤之间的接口，逻辑要连贯，要有系统性；

——活动事实与数据要完整清晰，前后互相印证关联；

——记录和报告要真实可信；

——质量改进工具的应用要适宜，在有效性上下功夫；

——组长组织协调课题开展的情况。

（二）“创新型”课题的活动方法和程序

“创新型”QC 小组活动，指针对新的社会发展趋势、科技进步趋势，前瞻性地研究开发新产品、新业务、新服务、新过程、新材料、新方法而开展的质量改进活动类型，这类改进活动的程序及每个步骤对应的 RG－PDCA 循环见图 4－2。

“创新型”质量改进活动的要求与方法，跟“问题改进型”QC 小组大同小异，完全可以按照“问题解决型”QC 小组的活动步骤和方法以及要求开展活动。相比“问题解决型”，其主要的不同点有：

——更加关注创新项目的方向、风险、相关性和必要性的调查研究；

——设定目标时的现状分析针对的是创新前后的差异，属于创新目标驱动的指标或功能的分解展开；

——提出各种方案并确定最佳方案，无需分析问题和确定要因，但仍需针对创新前的问题和创新后的目标提出方案，进行优选。

具体的活动方法可参见“问题改进型”QC 小组活动的方法。

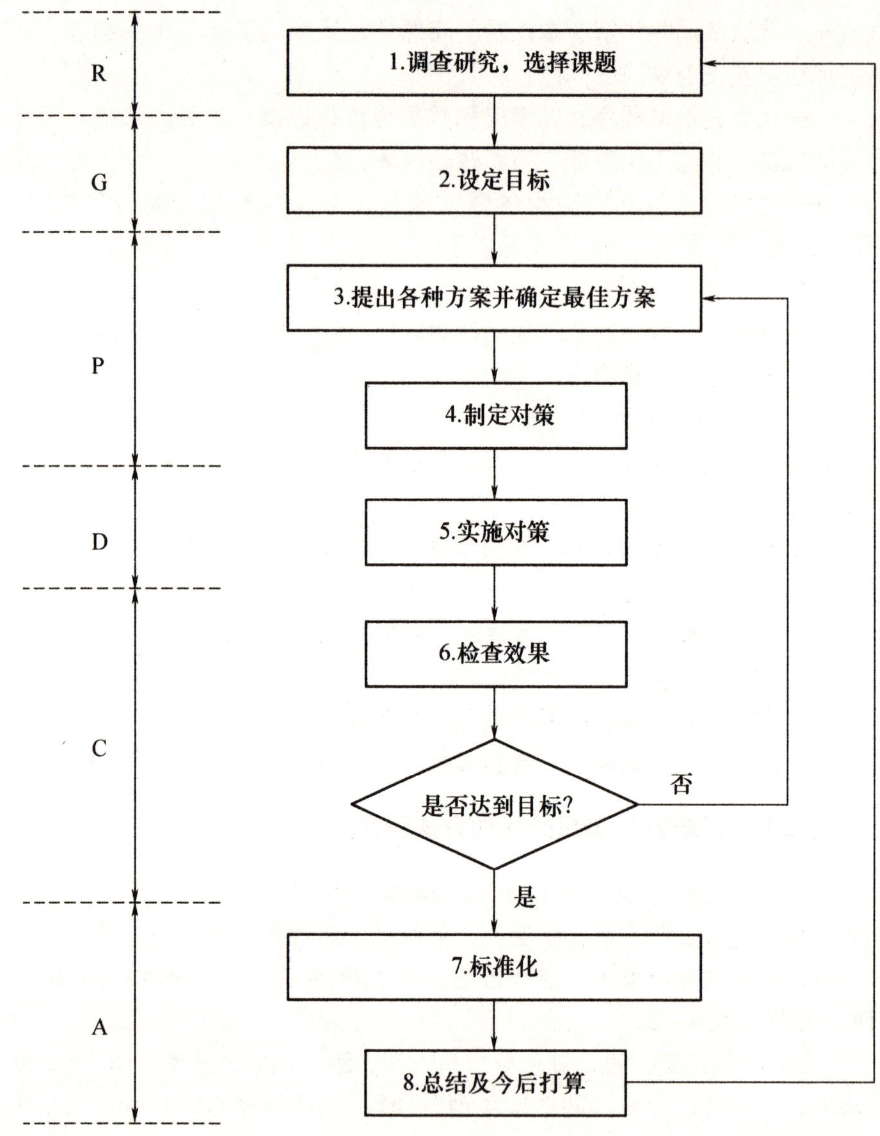

图4－2 “创新型”课题QC小组的活动程序

二、合理化建议与改善提案报告

1. 合理化建议

职工在岗位工作中针对所发现的企业经营管理、产品与服务质量、过程控制与现场管理等方面存在的问题，提出具体的改进方案，供各级组织参考采纳，或者由职工自己实施自我改善的活动，称为“合理化建议”活动。

合理化建议是职工参与企业经营管理、质量改进的重要形式，是体现员工“职业自觉、现场主动”参与程度，企业具有凝聚力的标志，高质量的合理化建议更是企业最宝贵的资源和财富。合理化建议的范围一般为：

——提高产品（服务）质量和提高生产（服务）效率的；

——开拓市场以及促进销售的；

——关于企业发展和员工发展的；

——提高管理效率和改进管理方式的；

——本岗位自己的业务改善的；

——预防灾害、安全、环境保护改善的；

——降低成本、减少费用、节约资源、杜绝浪费、提高资源利用效率的；

——原料、装备等优化替代的；

——生产工艺、服务规程、设备维护、现场管理、作业方法改进的；

——政策与标准优化完善提升的；

——其他有利于企业和员工发展，提升企业竞争能力的。

下列内容不属于合理化建议的范围：

——人事安排、劳动条件、职工福利等；

——仅指出问题或缺点，而欠缺具体的改善措施和方法的；

——表达个人不满意见的；

——与过去已经有的建议相同或相似的；

——企业方针目标、经营计划、工作方案已经反映的内容；

——上级的指示、已经确立的课题、会议中已经公开的对策及内容；

——其他对企业可能造成的不利损失的。

具体的合理化建议提出途径、要求，以及评审、采用、反馈和奖励的方法，按照各自企业的具体规定执行。

2. 从合理化建议到改善提案报告

“改善提案报告”，也有企业简称为“改善提案”，还有的企业称为“一张纸改进报告”，或者结合“一点课”的形式开展。凡此种种，都是指：员工把本职工作中发现的问题，以及构思和创意性的解决方法向上一级组织报告，在得到同意后加以实施，把实施的情况以及取得的成果向企业报告，并分享改进成果的群众性质量改进制度。

合理化建议一般可以包含对其他岗位、部门或企业发展的改进创意，其采用率和实施率受到相关职能部门的影响。为了解决提案者的失望问题，把提案变成改进活动，引导员工把持续改进的关注力聚焦到本职工作领域，树立“提案就是实施”“不能实施的提案没有什么价值”的理念，在合理化建议制度的基础上，补充形成改善提案报告机制。

改善提案报告制度是一种改善与个人工作有关问题的手段，其目的是为了激发员工的持续改进热情，在企业内部形成创意研究的气氛，活跃和维持组织内的人际关系，促进人的素质和企业素质的提高。改善提案报告制度的基础是全员参与、持续推进、公正评价，要求员工始终有危机意识，树立改善就是工作要求的观念，倡导从小事做起、从自己做起、彻底实施的持续改进文化。

改善提案的选题以及改进的程序与方法，可以参考采用 QC 小组的方法，但是无需顾及繁琐的活动程序规制、摈弃繁文缛节，鼓励的是改善的速度、改善的项目数量和改善的参与面。改善提案可以从以下方面着手：

——顾客满意，如何让内外部顾客更加满意，使其惊喜；

——方法改善，如何把工作变得简单、高效、愉快；

——环境改善，如何创造清洁明亮、整洁卫生的工作环境；

——设备改善，如何让设施设备的故障为零；

——绩效改善，如何让经营管理绩效创新高，效率和效益得到新提升。

例如：业务和工作流程的简略化；工作和管理效率的提升；产品和服务质量的提高；成本和费用的节俭；浪费的排除；事故和灾害的防止；设备、工具的改进及技术创新；新的工作方法；新技术、新知识的应用；精神文明建设等。

改善提案报告的格式可参见表 4 - 3。

三、六西格玛改进

近年来，六西格玛管理被许多企业选择为质量管理的方法。这一方法是20 世纪 80 年代中期由美国摩托罗拉（Motorola）公司创立的，最初用于有效地改进产品质量。之后，进一步在美国其他企业得到了应用和发展，成为改善经营绩效和提升企业战略执行力的有效方法。

表 4-3　改善提案报告

编号：

<table>
<tr><td>提案名称</td><td colspan="3"></td><td>提案日期</td><td></td></tr>
<tr><td>提案人</td><td></td><td>所属部门</td><td></td><td>工号</td><td></td></tr>
<tr><td colspan="3" rowspan="2">改善前状态或问题：</td><td colspan="3">改善措施：</td></tr>
<tr><td>改善目标</td><td colspan="2"></td></tr>
<tr><td>评审部门</td><td>评审人</td><td>是否采纳</td><td colspan="2">评审意见或建议</td><td>反馈日期</td></tr>
<tr><td></td><td></td><td>□是　□否</td><td colspan="2"></td><td></td></tr>
<tr><td></td><td></td><td>□是　□否</td><td colspan="2"></td><td></td></tr>
<tr><td colspan="3">实施情况：</td><td colspan="3">改善效果：</td></tr>
<tr><td>经济价值</td><td>金额</td><td colspan="4">统计计算方法</td></tr>
<tr><td>□有　□无</td><td></td><td colspan="4"></td></tr>
<tr><td>改善实施人</td><td></td><td>效果验证人</td><td></td><td colspan="2">是否推荐</td></tr>
<tr><td>改善报告日期</td><td></td><td>验证日期</td><td></td><td colspan="2">□是　□否</td></tr>
<tr><td colspan="6">公司评审与奖励记录</td></tr>
<tr><td colspan="3">评审意见：

评审人：　　　　日期：</td><td colspan="3">总经理意见：

签名：　　　　日期：</td></tr>
<tr><td colspan="2">奖励记录</td><td colspan="4"></td></tr>
</table>

六西格玛包含了三个方面的含义：其一，是对缺陷的一种测量评价指标，也就是西格玛水平，对应的是产品和服务的缺陷率；其二，是突破性地降低缺陷的改进方法，包括“六西格玛改进工作法（DMAIC）”和“六西格玛设计（DFSS）”；其三，是驱动经营绩效改进的管理模式。

六西格玛改进的 DMAIC 方法，已经成为美国许多优秀企业员工现场改进的工具。这一方法是由定义（define）、测量（measure）、分析（analyze）、改进（improve）和控制（control）等五步骤构成的结构化改进方法，形成一个完整的改进流程（参见第五章）。

在 DMAIC 方法中，每一个需要改进的问题都要充分地分解和定义，并且明确对它的测量方法与判断标准。对问题的分析和改进是建立在客观测量的基础上的，每一个分析或改进的结论必须由充分的数据做支撑。在解决问题的过程中，依据数据决策是一个非常重要的原则，如果分析结论或解决问题的方案没有数据做支持则不能被接受。在DMAIC的每个阶段都有明确的输入和输出的要求，各个阶段的工作也都辅以若干分析和解决问题的科学工具。

在定义阶段（D）：需要确定顾客的关键需求，识别需要改进的产品（服务）或过程，并将改进项目界定在合理的范围之内。改进的前提是发现问题，定义阶段要根据顾客关键要求或企业发展战略，确定过程输出的测量标准，明确什么是缺陷，定义阶段强化了这个发现问题和界定缺陷的过程。

在测量阶段（M）：通过对现有过程的测量，确定过程的可接受标准以及期望达到的目标，并且对测量系统的有效性做出评价。六西格玛改进是基于数据分析和决策的方法，数据的准确可靠可信，对问题的分析和决策有至关重要的影响，因此必须对测量系统进行评价，以保证测量结果的质量，同时需要收集以往可信的数据和信息。

在分析阶段（A）：要依据数据寻找和确定影响过程输出结果的关键影响因素。需要从过程的供方S（supplier）、过程的输入I（input）、过程的活动P（process）三个要素中，寻找影响过程输出O（output）的因果关系。

在改进阶段（I）：需要针对关键的影响因素，形成并实施改进方案，使过程的缺陷和变异得到突破性降低，并验证方案的有效性，对改进方案的风险和相关影响做出全面的评估。

在控制阶段（C）：要使改进后的过程程序化并通过有效的监控和防错方法保持改进的成果，需要在风险分析的基础上编制控制计划，有针对性地完善测量监视方法，更改现有的标准化文件等等。

DMAIC方法是通过对流程数据的分析，揭示影响输出的关键因素，并寻求对关键影响因素加以控制和改进的方案，从而达到改进目的的科学方法。相比QC小组活动的程序和方法，六西格玛DMAIC方法更加注重过程、相关性、测量和数据分析，但是究其基本的流程还是遵循了PDCA循环的原则。在实际的学习和移植运用中，许多QC小组糅合采用了六西格玛改进的方法。

第四节　案　例

案例一　降低废品数量

1. 小组概况

表1　基本情况

小组名称	维保部QC小组		
课题名称	降低废品量		
课题注册时间	2013年3月	课题注册编号	A201301
课题类型	现场型	活动次数	12
活动时间	2013年1月至9月	出勤率	100%
巩固期	2013年7月至9月	小组成员受质量教育情况	100%

表2　QC小组成员情况表

职务	姓名	性别	技术职称	学历	岗位
组长					
组员					
组员					
组员					
组员					
组员					

2. 选题理由

(1) 2013年对废品量的考核指标：废品量≤7t/月；

(2) 上年度实际完成情况：废品量8.9t/月。

为了完成2013年考核指标，成立QC小组开展活动，并确定课题为降低废品数量。

3. 目标设立

将2013年考核指标作为本次活动目标：废品量≤7t/月。

4. 目标可行性分析

表 3　2012 年 1 月至 12 月实际情况统计表

月份	1	2	3	4	5	6	7	8	9	10	11	12
废品量												

对上年度废品量产生情况进行统计，并作排列图，见表 4 和图 1。

表 4　2012 年 1 月至 12 月废品量情况统计

产生废品原因	废品量（频数）	占比/%	累计百分数/%
备件更换	54	54	54
故障检修	24	24	78
操作不当	12	12	90
设备停车	8	8	98
其他	2	2	100

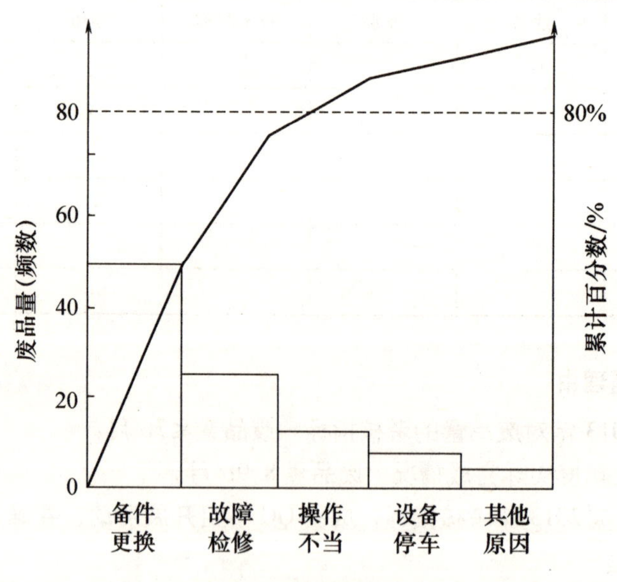

图 1　废品量排列图

从图 1 可知备件更换和故障检修的废品量占 78%，属于 A 类因素。小组成员讨论后认为对这 2 个项目优先解决，降低 70% 的废品量，即废品量是可以降低至目标设定值以内的。

5. **原因分析**

小组成员集思广益、群策群力，对备件更换和故障检修的影响因素进行了分析，作关联图，如图2所示。

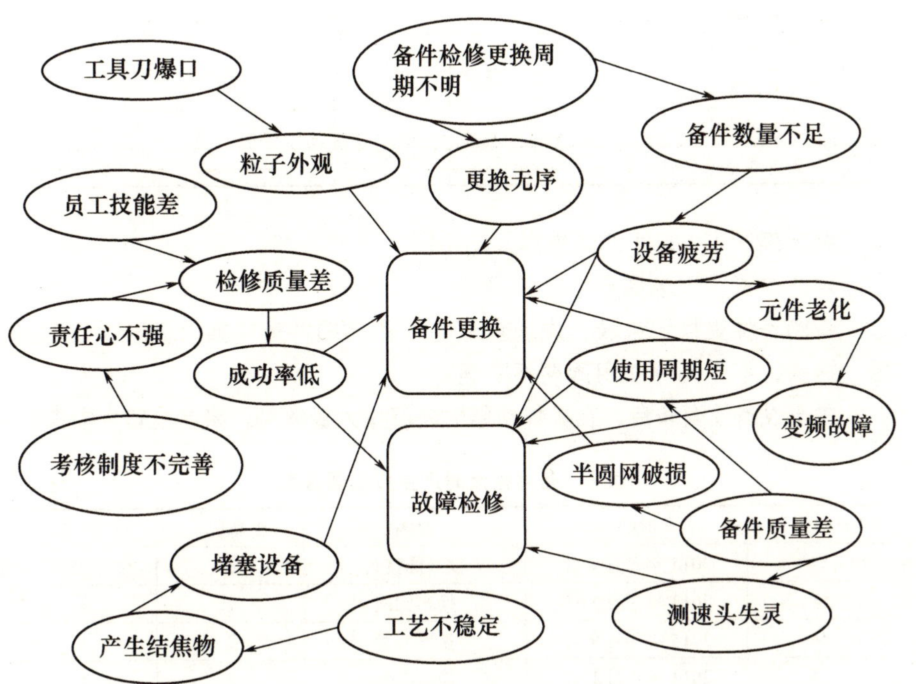

图2 原因分析关联图

寻找关联图中“箭头只出不进”的因素，得出6项末端因素：

(1) 备件检修更换周期不明；

(2) 工具刀爆口；

(3) 员工技能差；

(4) 考核制度不完善；

(5) 工艺不稳定；

(6) 备件质量差。

6. **要因核实**

为了找到主要原因，小组成员共同制定了确认计划表（表5），根据计划对所有末端因素进行逐一确认。

表 5　要因确认计划表

序号	末端因素	确认方法	确认内容	确认标准	确认人	确认地点	确认时间
1	备件检修更换周期不明	现场调查	检查记录	100% 符合		备件仓库	2013 年 3 月
2	工具刀爆口						
3	员工技能差						
4	考核制度不完善						
5	工艺不稳定						
6	备件质量差						

要因确认 1：备件检修更换周期不明

确认方式：现场调查

查阅备件更换记录表，发现仓库的设备易损件备件如气源接头、气源管、探头、半圆网等使用周期不明确。

由于设备没有备台，在备件检修时将产生大量废品，将产生较大损失。

表 6　备件检修时产生废品调查表

生产设备号	时间	原因	废品量/t	可节约量/t
1#	2013 年 2 月 1 日	换气源接头	6	2
1#	2013 年 3 月 3 日	换半圆网	7	3
2#	2013 年 3 月 9 日	换气源管	2	1
3#	2013 年 4 月 1 日	换气源管	2	1

从上表可以看出，2013 年 2 月至 4 月，共发生 4 次因更换备件产生废品的情况。通过有序安排更换时间可以大大降低废品率。

结论：备件检修更换周期不明，是要因。

要因确认 2：……

7. 对策措施

小组成员应用 5W1H 方法，制定对策措施，见表 7。

表 7　对策措施表

序号	要因项目	对策	目标	措施	负责人	完成日期	地点
1	备件检修更换周期不明	加强备件检修管理	废品率降低 70%	优化检修时间；仓库做好备件备货	全体组员	2013 年 4 月	仓库
2							
3							

8. 对策实施

对策实施一：优化检修时间

……

对策实施二：

……

9. 效果检查

以上措施实施后，设备的废品率明显降低，统计如表 8 所示。

表 8　活动后（2013 年 1 月至 9 月）废品量统计表

活动期	月份	1	2	3	4	5	6
	废品量/t	8	7	6	6	5	5
巩固期	月份	7		8		9	
	废品量	5		4		4	
活动后平均废品量/t		5.56					

与活动前和目标对比，如图 3 所示。

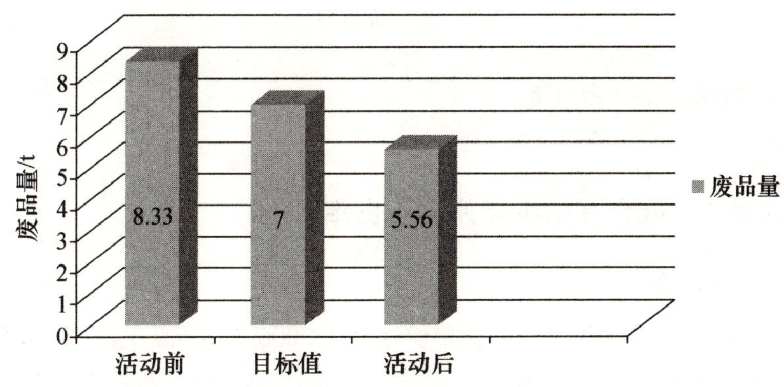

图 3　活动后与活动前和目标对比

巩固期经济效益（3 个月）：（8.33 － 5.56）× 5000 × 3 = 41550（元）（废品每吨单价按 5000 元计算）。

10. 巩固措施和标准化

（1）对维保部门考核措施纳入考核责任制考核中；

（2）将设备现场操作制度纳入设备质量管理体系中；

（3）通过 QC 活动的展开，提高了小组成员的质量意识、业务技能和团队合作精神。在总结中，小组成员对综合素质进行自我评价，如表 9 和图 4 所示。

表9　自我评价表

序号	评价内容	活动前/分	活动后/分
1	质量意识	85	90
2	团队精神	65	85
3	QC 工具运用技巧	60	80
4	改进意识	80	90
5	进取精神	80	90

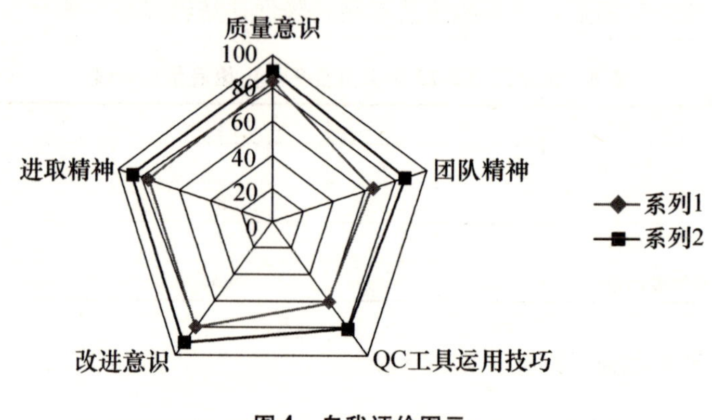

图4　自我评价图示

11. 总结和下一步打算

……

案例二　降低 TC 机架外观不良率

1. 小组简介

无线网络产品线质量信得过班组成立于 2006 年 6 月，由质量控制工程师及来自一线的工艺骨干等 6 人组成。此次活动已是小组的第六次活动。基于前五次活动积累的经验，2009 年 12 月起小组成员围绕如何降低 TC 机架外观不良的问题进行攻关，展开了一系列 PDCA 活动。小组成员概况及小组活动计划时间表见表 1 和表 2。

表1　小组成员概况

小组名称	无线网络产品线质量信得过班组		成立日期	2009 年 12 月 1 日	
课题名称	降低 TC 机架外观不良		完成日期	2010 年 4 月 30 日	
课题类型	现场型				
小组成员	性别	职务（职称）	活动中职务	文化程度	参加 QC 经历

表 2 小组活动计划时间表

		2009 年 49 周	2009 年 50 周	2009 年 51 周	2009 年 52 周	2010 年 01 周	2010 年 02 周	2010 年 03 周	2010 年 04 周	2010 年 05 周	2010 年 06 周	2010 年 07 周	2010 年 08 周	2010 年 09 周	2010 年 10 周	2010 年 11 周	2010 年 12 周	2010 年 13 周	2010 年 14 周	2010 年 15 周	2010 年 16 周	2010 年 17 周
1	小组成立																					
2	选择课题																					
3	现状调查																					
4	设定目标																					
5	分析原因																					
6	要因确认																					
7	制订对策																					
8	按对策实施																					
9	检查效果																					
10	标准化和总结																					

2. 选题理由

（1）TC 空机架在接收检验岗位发现外观不良现象，据统计 2009 年 11 月（45～48 周）共计接收 TC 机架 163 台，其中 55 台外观不良，不良率达 33.74%，远高于 MBO、MBI、CBO 等同类产品。相关图表见表 3 和图 1。

表 3　2009 年 11 月产品接收不良情况调查表

产品	外观不良数					接收检验总量	不良率/%
	45 周	46 周	47 周	48 周	合计		
MBI	5	3	1	4	13	414	3.14
MBO	2	2	4	0	8	142	5.63
CBO	1	0	0	1	2	148	1.35
TC	13	17	11	14	55	163	33.74

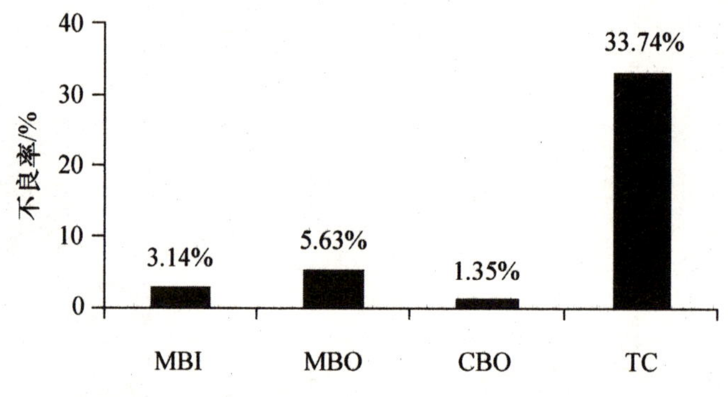

图 1　2009 年 11 月产品接收不良情况调查图

（2）如此多的外观不良不但增加内部损失成本，同时也极大影响了 TC 架产出能力，在顾客满意、增值能力、劣质成本等三个层面造成影响。据统计，到 2009 年 11 月 TC 机架外观不良等待修复的机架数量还有 55 个，占用库存近 $70m^2$，影响到 2 个合同的按时交货。如果这些机架无法修复，公司将直接损失百万余元。因此，小组成员决定将“降低 TC 机架外观不良”作为本次活动的课题。

3. 现状调查

2009 年 50 周小组成员针对 2009 年 45～48 周 TC 机架接收检验中发现的 55 个机架的外观不良情况进行了调查，统计表见表 4，分类排列图见图 2。

表 4　TC 机架外观不良情况统计表

序号	故障类别	故障数小计	百分比/%	累计百分比/%
1	外壳掉漆	43	78.18	78.18
2	少钥匙	4	7.27	85.45
3	网面损坏	2	3.64	89.09
4	门插销漏装	2	3.64	92.73
5	其他	4	7.27	100.00
合计		55	100.00	

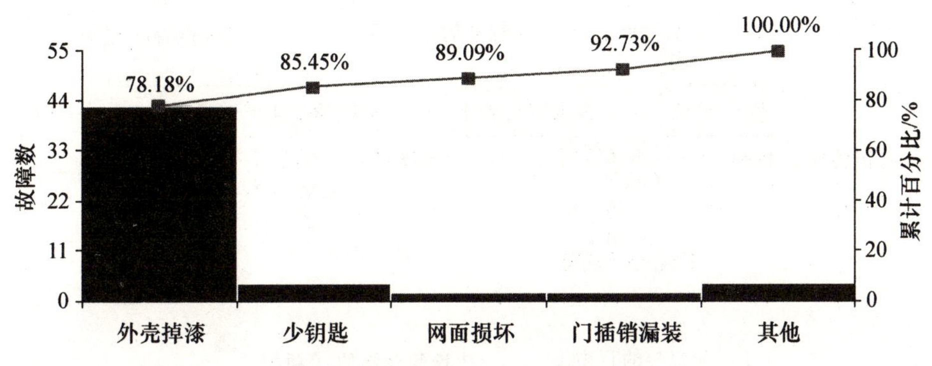

图 2　TC 机架外观不良分类排列图

从数据统计图表中看到，外壳掉漆为 A 类因素，占总故障的 78.18%，只要有效解决了掉漆问题，TC 机架外观不良的问题就能得到控制。

因此，如何降低外壳掉漆是本次 QC 活动面临的主要问题。

4. 目标设定

目标值：将 TC 机架外观不良率降从改进前的 33.7% 低至改进后的 12% 以下。

目标设定依据：

由表 4 可以看出，外壳掉漆的机架数量共计 43 个，如果该问题可以得到 90% 的解决，则外壳掉漆的机架数量将减少 38 个。

改进后外壳掉漆机架数量 = 改进前外壳掉漆机架数量 × 90%

= 43 × 90%

= 38.7 ≈ 38（个）

经计算，外观不良总数将降至 17 个，占检验总量的 10.43%。

改进后外观不良率 =（改进前外观不良总数 − 改进后减少的外观不良数）÷ 检验总量 × 100%

$$= (55 - 38) \div 163 \times 100\%$$
$$= 10.43\%$$

综上所述，将 TC 机架外观不良率降低至 12% 以下是可以实现的。

5. 分析原因

为了使小组成员对 TC 机架开箱检验实际过程有更深的理解，团队界定了项目关注的实际过程范围并绘制了流程图，从人、机、料、法、环五个方面识别了流程图中每个步骤的输入和输出。

小组成员集思广益，针对 TC 机架“外壳掉漆”现象，结合图3，查找潜在原因，经汇总归类，绘制了系统图，见图4。

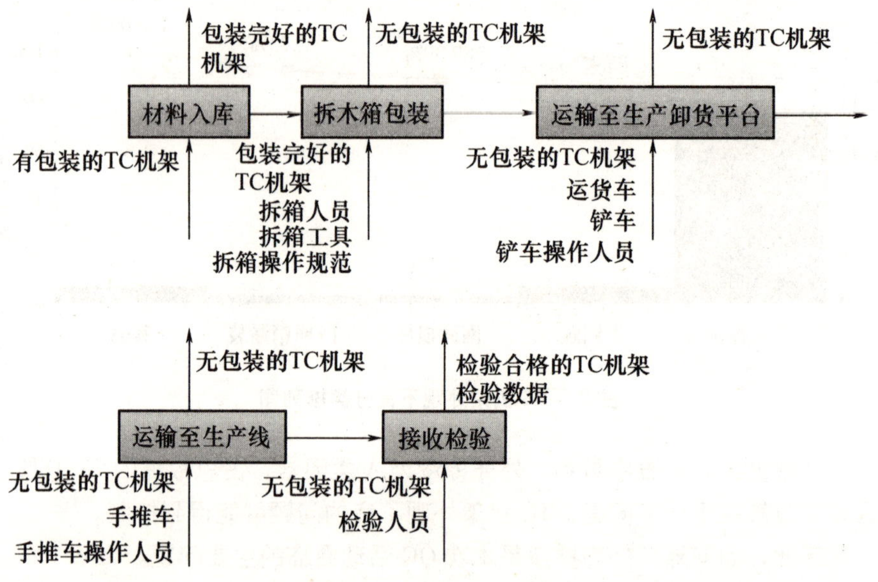

注：

1. 在材料入库阶段，TC 机架有木箱包装，这一阶段主要检查包装有无变形、破损等，若有则直接拒收退还供应商，若外包装合格则清点合格机架数量入库，此阶段无法识别出机架掉漆现象。

2. 在接收检验阶段，检验员在停放机架的生产线进行检验，不涉及机架运输等操作，也不会对机架造成掉漆。

因此在绘制系统图过程中排除了这两个环节。

图3　TC 机架开箱检验流程图

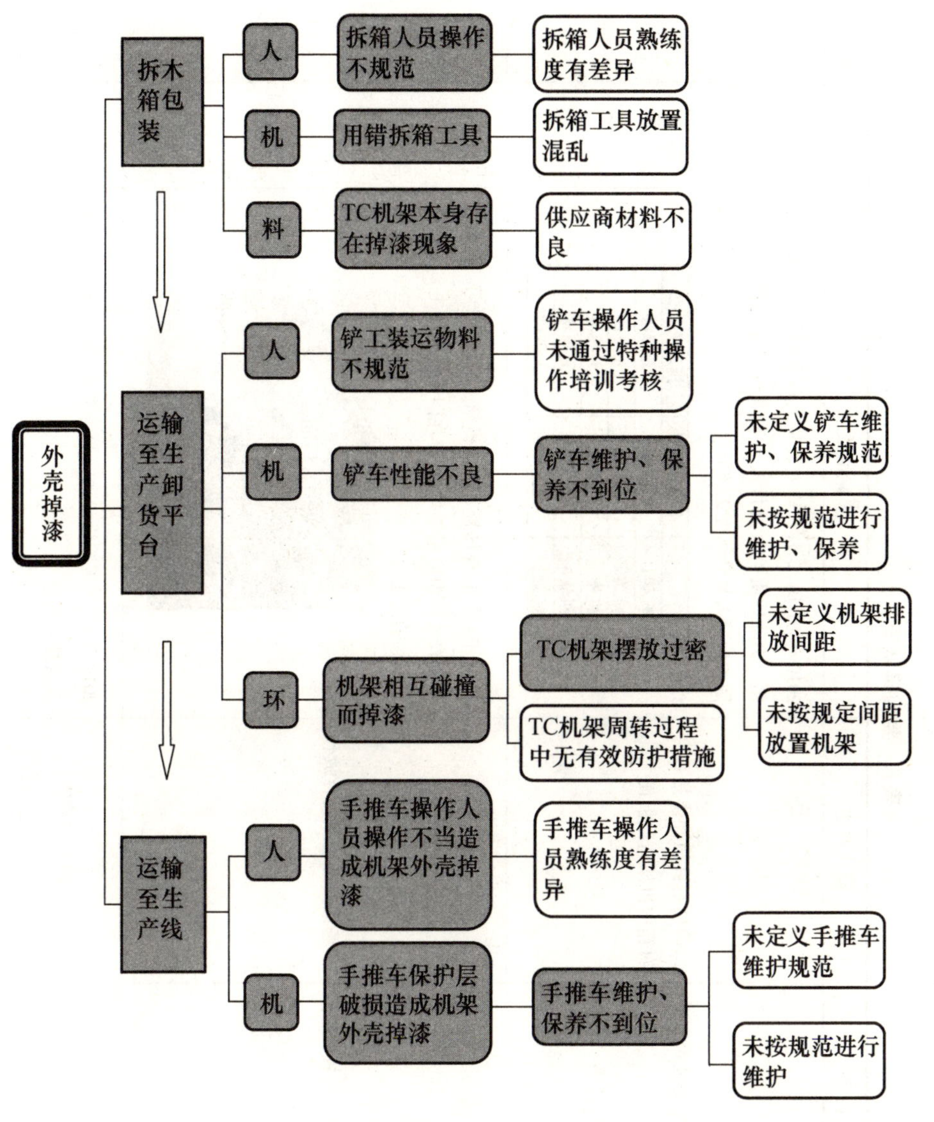

图4　系统图

6. **要因确认**

小组成员根据系统图，采取现场调查、验证和比较分析等方法，对外壳掉漆现象的各末端因素逐个进行确认，并编制了要因确认表，见表5。

表 5　要因确认表

<table>
<tr><th>序号</th><th>末端因素</th><th>确认内容</th><th>确认方法</th><th>验证结果</th><th>验证人</th><th>是否要因</th></tr>
<tr><td>1</td><td>拆箱人员熟练度有差异</td><td>拆箱人员熟练度是否有差异</td><td>试验确定拆箱操作是否会对箱内机架造成损伤</td><td>2010 年 01 周,2 名拆箱人员每人负责拆 5 个机架的木箱。拆除后质检人员目检未发现机架外壳掉漆现象。因此拆箱人员熟练度无差异<table><tr><th></th><th>拆箱人员1</th><th>拆箱人员2</th></tr><tr><td>机架1</td><td>无掉漆</td><td>无掉漆</td></tr><tr><td>机架2</td><td>无掉漆</td><td>无掉漆</td></tr><tr><td>机架3</td><td>无掉漆</td><td>无掉漆</td></tr><tr><td>机架4</td><td>无掉漆</td><td>无掉漆</td></tr><tr><td>机架5</td><td>无掉漆</td><td>无掉漆</td></tr></table></td><td>王某</td><td>否</td></tr>
<tr><td>2</td><td>拆箱工具放置混乱,易拿错</td><td>拆箱工具是否放置混乱,易拿错</td><td>现场检查拆箱工具存放情况</td><td>2010 年 01 周,现场检查发现拆箱工具摆放整齐,拆箱人员能有效辨识应用工具,不存在因用错拆箱工具造成机架掉漆的隐患</td><td>王某</td><td>否</td></tr>
<tr><td>3</td><td>供应商材料不良</td><td>供应商来料是否存在不良</td><td>检查供应商来料情况</td><td>2010 年 01 周跟踪检验供应商送来的 TC 机架 10 个,未发现掉漆现象</td><td>张某某</td><td>否</td></tr>
</table>

续表

序号	末端因素	确认内容	确认方法	验证结果	验证人	是否要因
4	铲车操作员培训不到位	是否有特种作业操作证书	现场检查特种作业操作证书持有情况	2010 年 01 周，现场检查 5 名铲车驾驶员的《中华人民共和国特种作业操作证》，均持有有效证件。这说明其铲车操作方法已符合要求，不会在作业过程中对作业对象造成损伤（如掉漆等）	张某某	否
5	未定义铲车维护保养规范	是否定义铲车维护保养规范	检查相关作业指导书	2010 年 02 周检查《仓库管理指导书》8DA 09901 2105 QRCVQ，书中明确要求运输工具使用人在使用之前应做好日常维护保养工作，发现车辆故障及时报修，避免故障车辆参与周转造成机架掉漆等损伤	张某某	否
6	未按规范进行铲车维护	是否按规范进行铲车维护	检查铲车维护记录	2010 年 02 周抽查 09 年 12 月 1 日的铲车（中转工具）维护记录，未发现异常。进而检查对应时间的 TC 机架故障记录表，当日机架无掉漆现象发生（见下“中转工具维护记录”）	张某某	否

中转工具维护记录

日期	工具编号	维护情况	维护人
09/12/1	050704268	OK	[illegible]
09/12/1	060307429	OK	陈月
09/12/1	051732678	OK	沈锜
09/12/1	[illegible]	OK	[illegible]

续表

序号	末端因素	确认内容	确认方法	验证结果	验证人	是否要因
7	未定义机架排放间距	是否定义机架排放间距	检查相关作业指导书	2010年02周检查《中转作业指导书》8DA 09901 2109 QRCVQ，书中明确定义了两机架摆放间空隙应不小于5cm。有了足够的空间，可避免移动机架时和周围机架摩擦掉漆	魏某	否
8	未按规定间距放置机架	是否按规定间距放置机架	现场查看机架放置情况	2010年01周，现场检查发现机架均按要求间隔至少5cm放置	景某某	否
9	机架周转过程中无有效防护措施	机架周转过程中是否有有效防护	现场确认机架周转过程中的防护情况	2010年01周，现场勘查发现TC机架在卡车运往生产卸货平台时为“裸机”状态，无有效防护。路上颠簸易使机架相互碰撞产生掉漆	魏某	是

续表

<table>
<tr><th>序号</th><th>末端因素</th><th>确认内容</th><th>确认方法</th><th>验证结果</th><th>验证人</th><th>是否要因</th></tr>
<tr><td>10</td><td>手推车操作员熟练度有差异</td><td>手推车操作员熟练度有差异</td><td>现场检查</td><td>2010 年 02 周,10 名手推车操作员每人用保养到位的手推车运送 3 个已保证外观良好的机架,检查机架外壳掉漆情况,发现人员 1、2、4、5、7、9、10 运送的机架保持良好,人员 3、6、8 运输的机架出现掉漆现象
<table>
<tr><th></th><th>机架1</th><th>机架2</th><th>机架3</th></tr>
<tr><td>人员1</td><td>OK</td><td>OK</td><td>OK</td></tr>
<tr><td>人员2</td><td>OK</td><td>OK</td><td>OK</td></tr>
<tr><td>人员3</td><td>OK</td><td>NOK</td><td>OK</td></tr>
<tr><td>人员4</td><td>OK</td><td>OK</td><td>OK</td></tr>
<tr><td>人员5</td><td>OK</td><td>OK</td><td>OK</td></tr>
<tr><td>人员6</td><td>NOK</td><td>OK</td><td>OK</td></tr>
<tr><td>人员7</td><td>OK</td><td>OK</td><td>OK</td></tr>
<tr><td>人员8</td><td>NOK</td><td>OK</td><td>NOK</td></tr>
<tr><td>人员9</td><td>OK</td><td>OK</td><td>OK</td></tr>
<tr><td>人员10</td><td>OK</td><td>OK</td><td>OK</td></tr>
</table>
</td><td>王某某</td><td>是</td></tr>
<tr><td>11</td><td>未定义手推车维护规范</td><td>是否有定义手推车维护规范</td><td>检查相关作业指导书</td><td>2010 年 02 周检查《中转作业指导书》8DA 09901 2109 QRCVQ,书中明确定义了手推车的维护规范,在使用前应仔细检查车况。保证参与作业的手推车车况良好,不对周转物品造成损伤</td><td>魏某</td><td>否</td></tr>
<tr><td>12</td><td>未按规范进行手推车维护</td><td>是否按规范维护手推车</td><td>检查手推车维护情况</td><td>2010 年 02 周,现场勘查发现参与作业的 8 辆手推车运转正常,夹板上的绿色防护胶皮完好,能有效防止损伤周转物品</td><td>陈某某</td><td>否</td></tr>
</table>

经过全体小组成员对末端因素验证结果的确认，最终确定以下 2 个因素为造成“外壳掉漆”的主要原因：

（1）机架周转过程中无有效防护措施；

（2）手推车操作员熟练度有差异。

7. 制定对策

2010 年 03 周，针对造成外壳掉漆的各项要因，小组成员经过反复讨论，制定了相应的对策，并编制了对策表。

表 6　对策表

序号	要因	对策	目标	措施	责任人	预计完成时间
1	机架周转过程中无有效防护措施	建立机架周转过程中的防护措施	将机架周转过程损伤降低至 5% 以下	①提出可行性方案； ②各方案评估； ③选择最优方案； ④将最优方案具体化并实施	王某 张某某 魏某 张某某 井某某	2010 年 08 周
2	手推车操作员熟练度有差异	成立标准作业指导团队，对手推车操作人员进行培训和考核	将使用手推车中转货品过程中的故障率降至 5% 以下	①联合物流控制人员建立手推车操作规范； ②导入指导员，建立操作人员一对一培训机制； ③实现全员培训	陈某某 魏某	2010 年 05 周

8. 按对策实施

对策一：优化 TC 机架周转流程

（1）提出可行性方案

2010 年 04 周小组成员集思广益，采用头脑风暴法，针对“机架周转过程中无有效防护”提出三个总体解决方案，并进行方案的初步论证，如图 5 所示。

（2）各方案评估

当周，QC 小组成员又对以上三种方案从实施难度、可行性等方面进行了分析、调查。

方案一：在周转过程中增加塑料泡沫用以防护机架

示意图见 6。

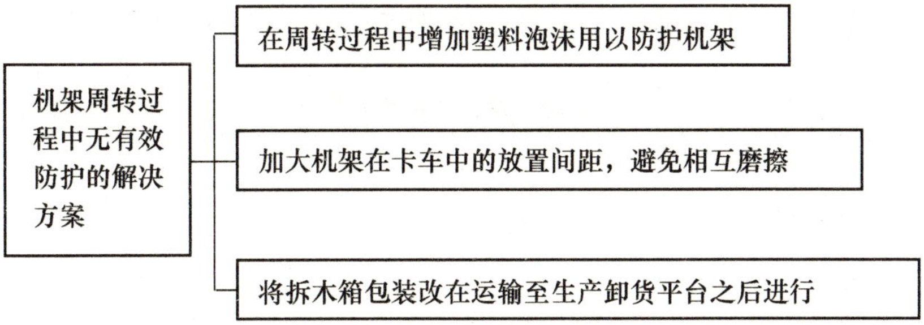

机架周转过程中无有效防护的解决方案

- 在周转过程中增加塑料泡沫用以防护机架
- 加大机架在卡车中的放置间距，避免相互磨擦
- 将拆木箱包装改在运输至生产卸货平台之后进行

图5　三个总体解决方案

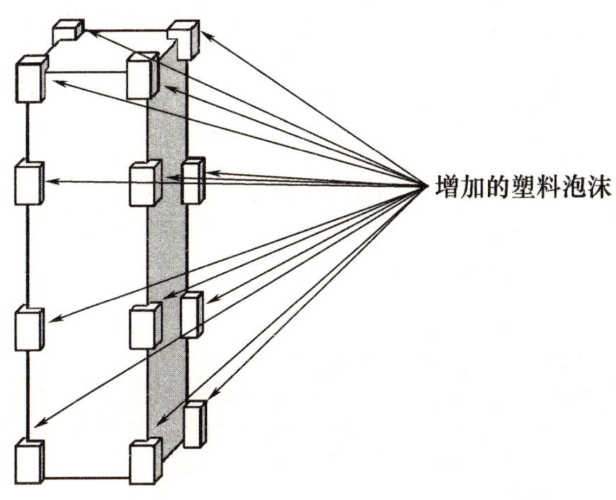

图6　方案一示意图

经调查，TC 机架原包装中已有塑料泡沫，完全可以重复利用。小组成员对该方案进行了综合分析，见表7。

表7　方案一综合分析

方案	实验地点	实验结果	方案优点	方案缺点	时间	组织人
在周转过程中增加塑料泡沫用以防护机架	仓库生产卸货平台	按此方案跟踪10个拆除木箱包装后目检无掉漆现象的TC机架由卡车运输至生产卸货平台的损伤情况，发现1个机架掉漆，不良率为10%	1. 可减少周转过程中TC机架掉漆现象 2. 按照现有流程即可实施 3. 对塑料泡沫的重复利用最大限度降低了环境污染	1. 成本高 2. 实施周期长 3. 原包装中的塑料泡沫部分粘连于木箱上，无法重复利用，需要采购部分补齐缺量	2010年1月25日	张某某

根据该方案实施情况，QC 小组成员对该解决方案分析结果见表 8。

表 8　方案一分析结果

<table>
<tr><th rowspan="2">方案选择</th><th colspan="3">评估</th><th rowspan="2">综合得分</th></tr>
<tr><th>分析维度</th><th>实施效果评估</th><th>综合分析结果</th></tr>
<tr><td rowspan="5">在周转过程中增加塑料泡沫用以防护机架</td><td>成本</td><td>人力资源成本：35 元/h
塑料泡沫：10 元/台</td><td rowspan="3">1. 未来 3 个月内 TC 机架需求量预计有 500 台，此方案将增加成本 2 万余元，经济性不强；
2. 重复包装不符合精益生产要求；
3. 需重新联系供应商设计、采购塑料泡沫，实施周期长</td><td rowspan="4">41. 3</td></tr>
<tr><td>可行性</td><td>部分可重新利用原包装中的塑料泡沫，部分塑料泡沫需重新采购</td></tr>
<tr><td>实施难度</td><td>1. 原包装中的部分塑料泡沫可重复利用；
2. 使用现有的流程，无需改动；
3. 部分塑料泡沫仍需重新采购；
4. 需制订重新包装方法并培训人员</td></tr>
<tr><td>实现效果</td><td>能够在周转过程中起到一定防护作用，但效果不理想</td><td rowspan="2">1. 实施效果并不理想；
2. 将产生较多废弃的塑料泡沫</td></tr>
<tr><td>对环境的影响</td><td>增加了塑料泡沫的用量，对环境有一定的影响</td><td></td></tr>
</table>

方案二： 加大机架在卡车中的放置间距，避免相互磨擦

经调查在拆木箱包装之后，铲车操作人员会用铲车将 TC 机架一个个放入等待装货的卡车中，运往生产卸货平台。通常为了提高卡车中有限空间的利用率，会将 TC 机架一个挨一个地紧密放置，运输途中卡车即使很小的颠簸都会使机架相互磨擦掉漆。加大 TC 机架放置间距，可以防止颠簸造成的机架晃动磨擦掉漆。改进前、后卡车内 TC 机架摆放情况示意见图 7 和图 8。

图 7　改进前卡车内 TC 机架摆放情况示意图

图8　改进后卡车内TC机架摆放情况示意图

2010年1月25日，小组成员对方案进行了综合分析，见表9。

表9　方案二综合分析

方案	实验地点	实验结果	方案优点	方案缺点	时间	组织人
在周转过程中增加塑料泡沫用以防护机架	仓库生产卸货平台	按此方案跟踪10个拆除木箱包装后目检无掉漆现象的TC机架由卡车运输至生产卸货平台的损伤情况，未发现机架掉漆现象	1. 可有效减少周转过程中TC机架掉漆现象； 2. 现有流程无需改动； 3. 可快速实施	1. 成本较高； 2. 增加了卡车使用量，降低了材料周转效率	2010年1月25日	魏某

根据该方案实施情况，QC小组成员对该解决方案分析结果见表10。

表10　方案二分析结果

方案选择	评估			综合得分
	分析维度	实施效果评估	综合分析结果	
加大机架在卡车中的放置间距，避免相互碰撞	成本	卡车运输费用：500元/（辆·天）	1. 原一辆卡车可运输30个TC机架，间距加大后只能运输15个。未来3个月内TC机架需求量预计有500台，此方案将增加成本8000余元，经济性一般； 2. 降低了周转效率，延长了材料送给生产线的时间，也就降低了生产效率	31.7
	可行性	利用现有条件可实现		
	实施难度	1. 需定义合理放置间距； 2. 需对铲车操作人员进行培训； 3. 需增加运输卡车数量		
	实现效果	能够在周转过程中实现有效防护		
	对环境的影响	增加了卡车用量，对环境有一定污染	1. 可有效实现防护； 2. 增加的卡车尾气排放污染了环境	

方案三：将拆木箱包装改在运输至生产卸货平台之后进行

将拆木箱包装的操作改在机架运输至生产卸货平台之后进行，这样装入卡车的TC机架既可以紧密放置，也因为有了木箱的保护不会在运输过程中因为颠簸晃动造成机架相互磨擦掉漆。流程改进示意见图9。

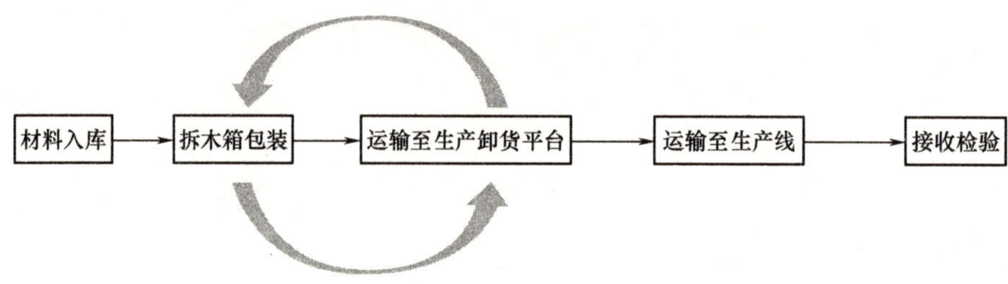

图9　流程改进示意图

2010年1月26日，小组成员对方案进行了综合分析，见表11。

表11　方案三综合分析

方案	实验地点	实验结果	方案优点	方案缺点	时间	组织人
将拆木箱包装改在运输至生产卸货平台之后进行	仓库生产卸货平台	按此方案跟踪10个TC机架由卡车运输至生产卸货平台后在拆除木箱包装的机架损伤情况，未发现机架掉漆现象	1. 可有效减少周转过程中TC机架掉漆现象； 2. 可快速实施； 3. 成本低	增加了拆箱操作人员的工作时间	2010年1月26日	魏某

根据该方案实施情况，QC小组成员对该解决方案分析结果见表12。

表 12　方案三分析结果

<table>
<tr><th rowspan="2">方案选择</th><th colspan="3">评估</th><th rowspan="2">综合得分</th></tr>
<tr><th>分析维度</th><th>实施效果评估</th><th>综合分析结果</th></tr>
<tr><td rowspan="5">将拆木箱包装改在生产卸货平台进行，减少过程损伤</td><td>成本</td><td>无</td><td rowspan="3">1. 无成本增加；
2. 拆箱操作人员效率降低</td><td rowspan="5">54.3</td></tr>
<tr><td>可行性</td><td>利用现有条件可实现</td></tr>
<tr><td>实施难度</td><td>1. 需对现有流程进行更改；
2. 需仓库、物流、来料检验等部门配合；
3. 拆箱操作人员单位拆箱时间由原先的 10min 延长到了 20min</td></tr>
<tr><td>实现效果</td><td>能够在周转过程中实现有效防护</td><td rowspan="2">1. 可有效实现防护；
2. 不会对环境造成新的污染</td></tr>
<tr><td>对环境的影响</td><td>无</td></tr>
</table>

（3）选择最优方案

经过小组成员的综合评估，选定最优方案为：将拆木箱包装改在生产卸货平台进行，减少过程损伤。

（4）将最优方案具体化

2010 年 04 周小组成员联合仓库、物流及来料检验相关人员对现有流程进行细化，参见图 10。

①由仓库将原包装的 TC 机架直接运至卸货平台，并同时通知相关物流人员现有机架送出。

②由物流人员通知材料接收人员拆箱并抄送质量人员。

③由质量人员通知来料检验人员三方共同确认拆箱过程及来料是否有问题。

④由质量人员对运至产线的空机架状态进行确认，并在表格中进行记录。

⑤拆箱操作必须在物流、质量及来料检验三方同时在场时方可进行。

⑥新流程于 2010 年 1 月 28 日开始执行。

细化后的流程要求拆箱人员、来料检验人员、质量控制人员以及物流控制人员共同在生产卸货平台进行联合检验，可以当场分析故障产生原

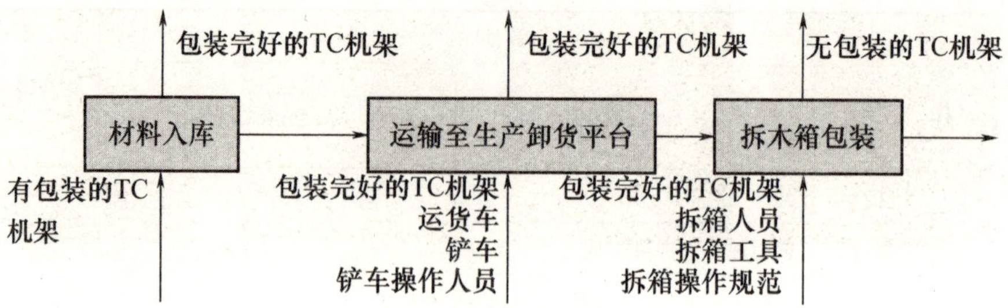

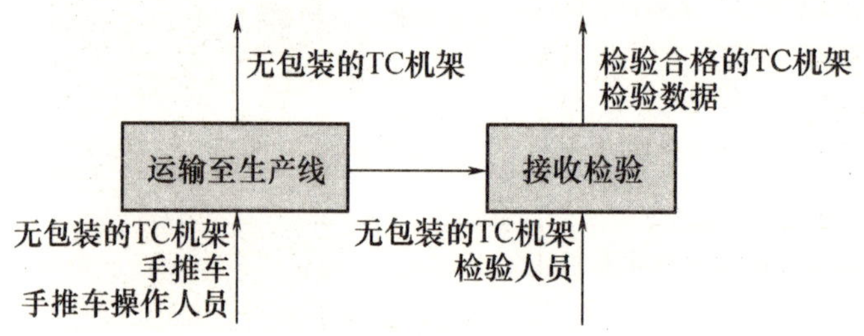

图 10　改进流程细化图

因，第一时间分清责任方，大大缩短了故障 TC 机架处理时间。

2010 年 1 月 27 日（第 4 周），小组以 E－mail 的形式将会议纪要传达给相关部门，要求按照新流程实施。

会议纪要：略。

实施效果：2010 年 05 周对新进 17 个 TC 机架按照新流程操作后进行检查，未发现外壳掉漆现象，该措施有效。

对策二：对手推车操作人员进行培训和考核

（1）建立手推车操作规范

2010 年 04 周针对手推车周转过程中对机架造成的掉漆现象，小组成员联合物流控制部门建立了手推车使用规范，在规范中明确规定了针对 TC 机架的手推车中转要求：

①手推车使用前需确定绿色保护层完好。参见图 11。

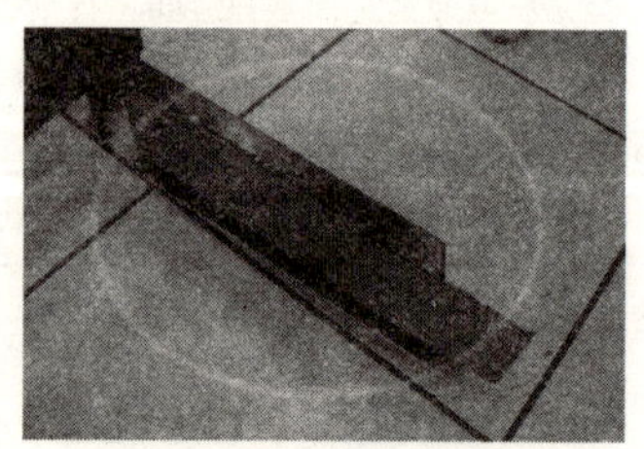

图 11　操作规范 1

②在手推车夹紧前，在前后左右都要留有至少 1 厘米的空隙，确认对准后再夹紧。参见图 12。

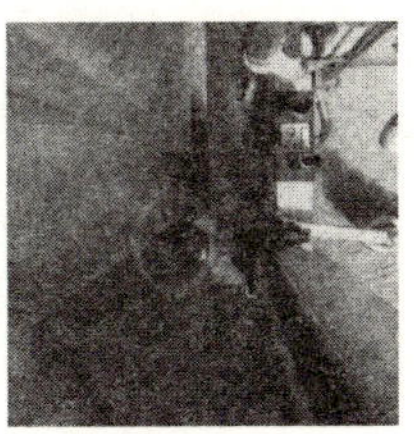

图 12　操作规范 2

③TC 机架中转时需一个人在前面拉，一个人在后面扶着，防止机架倾倒。参见图 13。

（2）导入指导员，建立操作人员一对一培训机制

原先因为只有 1 名主管负责对多个新人进行作业指导，时间较长培训也不充分，使得人员之间的熟练度差异较大，我们的对策是导入指导员，组建一支标准作业指导员队伍，对新人进行一对一的作业指导和训练，减少人员之间的熟练度差异。如表 13 所示。标准化作业指导员培训计划见表 14。

图 13　操作规范 3

表 13　实施前后对比

实施前	实施后
一对多人，培训时间长且培训不充分	成立标准作业指导员队伍实现一对一培训

表 14　标准化作业指导员培训计划

培训内容	培训讲师	2010 年 1 月 26 日	2010 年 1 月 27 日
手推车维护要求	姚某		
手推车使用方法及注意事项	李某		
TC 机架中转要求及注意事项	刘某		
受训人员：秦某某，方某，黄某某，顾某某			

（3）实现全员培训

2010 年 04 周，在根据中转要求对 10 名手推车操作员进行了一对一的培训后，小组成员对各人员首次作业质量进行了确认，操作人员的作业质量得到了很大的提升。

实施效果：

2010 年 05 周对新进 17 个 TC 机架按照新定义的手推车使用方法进行运输，未发现外壳掉漆现象，该措施有效。

9. 检查效果

经前期各项措施的逐步落实，2010 年 06 至 08 周机架外壳掉漆情况得到明显改善。

经计算，这一时期内的 TC 机架外观不良率降低至 15% 左右，离目标设定时的 12% 还有 3% 的差距。如图 14 所示。

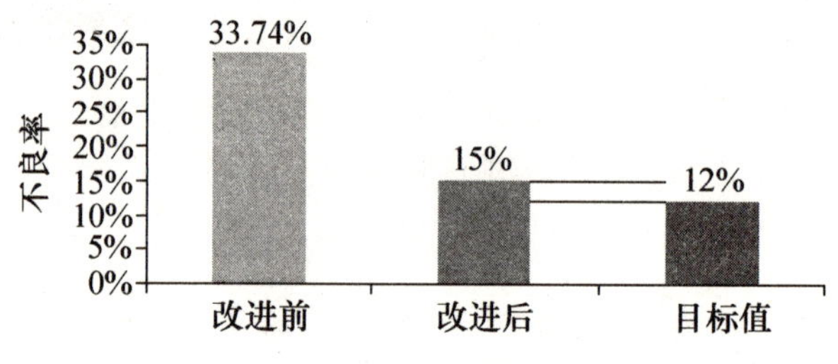

图 14　目标实现情况

改进后 TC 机架外观不良分类排列见图 15，TC 机架外观不良率趋势见图 16。

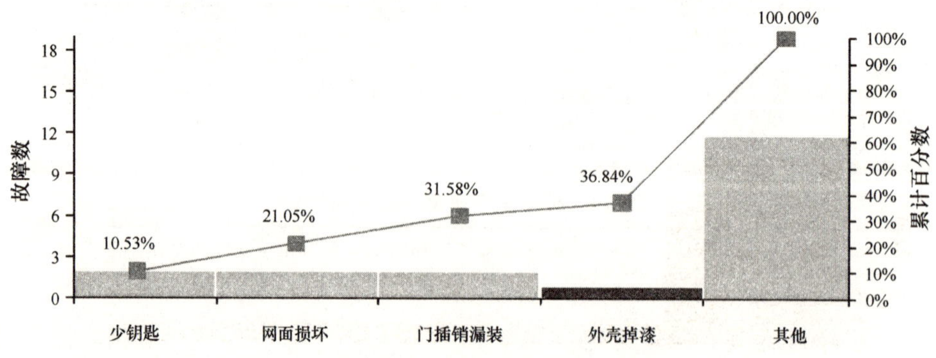

图 15　改进后 TC 机架外观不良分类排列图

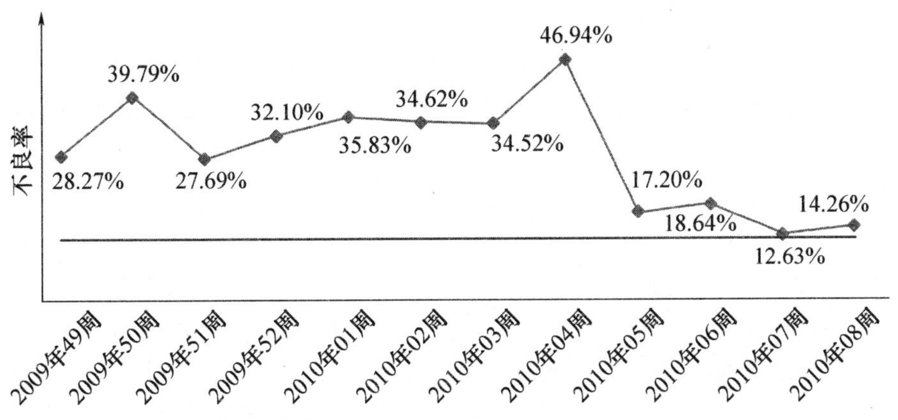

图 16　TC 机架外观不良率趋势

10. 方案再探讨及实施

（1）现状调查

由图 16 可知“其他”类占到故障比例的 63. 16%，原先的分析纬度已不能有效识别出主要问题。因此小组成员根据新纬度绘制了排列图，如图 17 所示，并针对“其他”中的相关问题进行了分析，参见表 15。

表 15　改进后现状调查表

序号	故障类别	06 周	07 周	08 周	故障数	百分数/%	累计百分数/%
1	外壳变形	4	2	3	9	75. 00	75. 00
2	少吊环	0	1	0	1	8. 33	83. 33
3	门插销装反	0	0	1	1	8. 33	91. 67
4	少标签	1	0	0	1	8. 33	100. 00
	合计	5	3	4	12	100. 00	

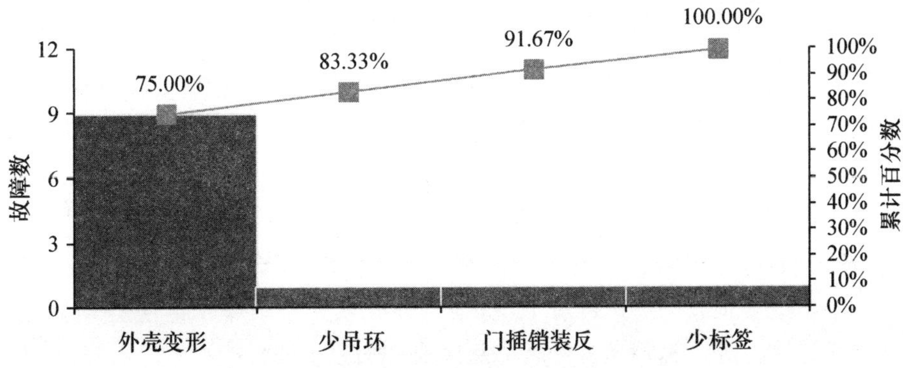

图 17　改进后 TC 机架外观不良分类排列图

从数据统计图表中看到，“外壳变形”为 A 类因素，占总故障的 75%，只要有效解决了变形问题，TC 机架外观不良的问题就能得到控制。

小组按照改进后的流程（图 18），在运输至生产卸货平台→拆木箱包装→运输至生产线→接收检验等关键环节设置专项检查点，重点查看机架外壳变形情况。

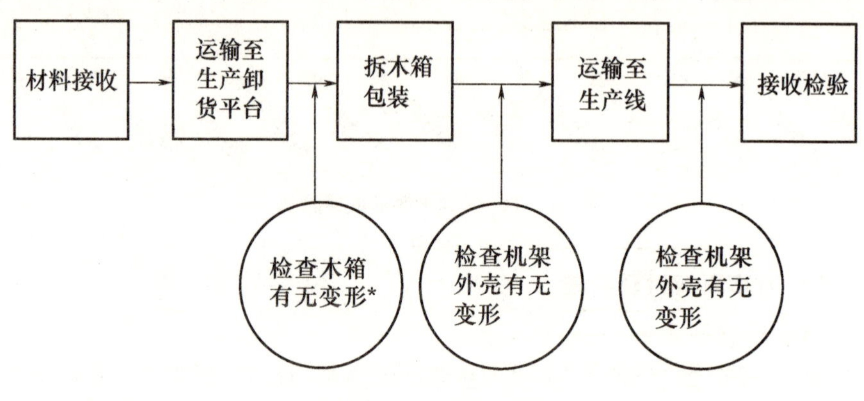

图 18　改进后流程图

*材料接收时已保证接收的均为木箱完好的 TC 机架，运输至生产卸货平台的 TC 机架仍有木质包装，因此通过木质包装的完好情况间接判断内部 TC 机架是否变形（若外包木箱变形，则认为内部 TC 机架变形）。

2010 年 09 周，小组成员共计对 36 个 TC 机架跟踪检查了外壳变形情况，最终发现变形情况集中在“拆木箱包装”这一环节，见表 16。

表 16　外壳变形情况调查表

过程	变形数量	合计
运输至生产卸货平台	0	0
拆木箱包装	4	6
运输至生产线	0	0
接收检验	0	0

（2）原因分析

小组成员调查发现“拆木箱包装”这一环节由三个步骤组成，分别为“拆除木板”“机架竖起”和“拆除剩余木箱包装”。如图 19 所示。

小组成员集思广益，针对 TC 机架“外壳变形”现象，结合图 19，查找潜在原因，经汇总归类，绘制了鱼骨图（图 20）。

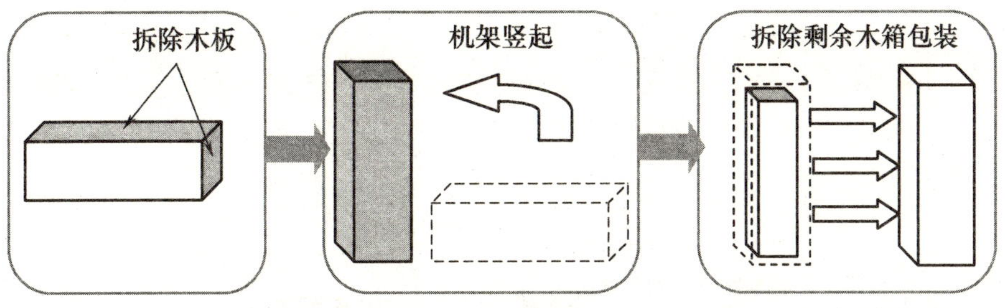

图 19　三个步骤

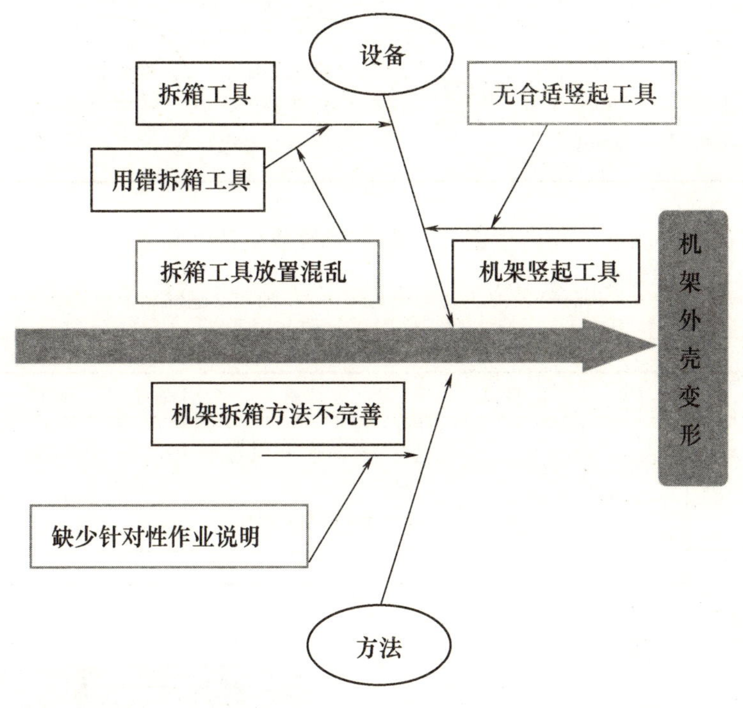

图 20　鱼骨图

（3）要因确认（表 17）

表 17　要因确认表

序号	末端因素	确认内容	确认方法	验证结果	验证人	是否要因
1	拆箱工具放置混乱	同表 5 序号 2			王某	否

续表

序号	末端因素	确认内容	确认方法	验证结果	验证人	是否要因
2	无合适竖起工具	是否有合适的机架竖起工具	现场查看机架竖起操作	2010 年 10 周现场查看发现机架竖起时是使用铲车将带木箱的机架一头慢慢抬高使之竖起。此种做法易在铲车铲起木箱时撞击木箱导致包装内机架外壳变形 跟踪检查 10 个 TC 机架，发现 2 个在机架竖起后出现外壳变形现象，查看外包装发现包装已受损	魏某	是
3	缺少针对性作业说明	是否存在针对性作业说明	检查相关作业说明	2010 年 10 周经确认虽无针对性作业说明，但经现场考核，95%的人员对本操作较熟练	张某某	否

成员最终确认“无合适竖起工具”为导致机架外壳变形的主要原因。

（4）制定对策（表 18）

表 18　对策制定表

要因	对策	目标	措施	责任人	预计完成时间
无合适竖起工具	配置合适的竖起工具	将机架外壳变形现象降低至 1% 以下	1. 寻找合适的竖起工具； 2. 建立机架竖起方法； 3. 培训人员	王某 张某某 魏某 井某某	2010 年第 10 周

（5）按对策实施

①寻找合适的竖起工具

小组成员发现用于包装作业的吊装工具可以进行 TC 机架竖起作业，并且无需改造。如图 21 所示。

图 21　包装作业的吊装工具

②建立机架竖起方法

吊装要求：将 TC 机架两头平行吊起，如图 22 所示。

2010 年 3 月 12 日（第 10 周）小组成员和相关部门人员以 E－mail 的形式

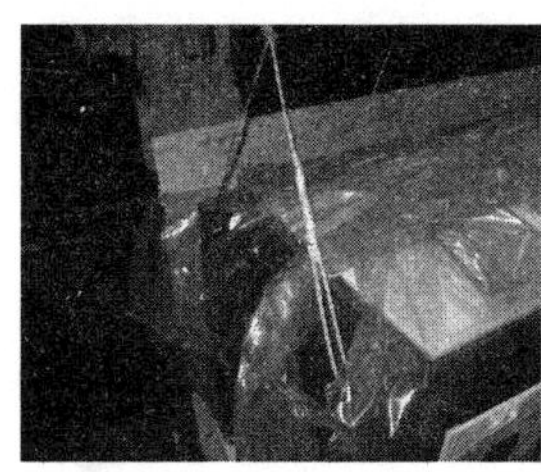

图22 机架竖起方法

将具体操作流程传达给相关部门，要求按照新流程实施。

2010 年 11 周按照第二次改进的方案对 31E 相关 TC 机架进行检验，未发现机架外壳变形现象。

11. 效果再确认

现在再来确认一下我们的改进效果，2010 年 12 周 TC 机架外观不良故障率下降至 11. 11%，超过目标值 12%。如图 23 所示。

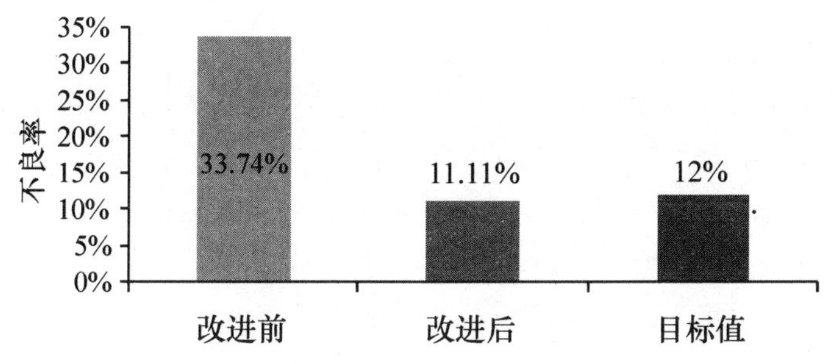

图23 目标实现情况

（1）巩固期情况

2010 年 13 周至 16 周为巩固期，TC 机架外观不良率保持在 12% 以内。具体情况参见表 19 和图 24。

表 19 巩固期情况

项目	2010 年 13 周	2010 年 14 周	2010 年 15 周	2010 年 16 周
检验总量	26	24	28	21
不良品数量	3	2	3	2
不良品百分比	11. 54%	8. 33%	10. 71%	9. 52%
目标值	12%	12%	12%	12%

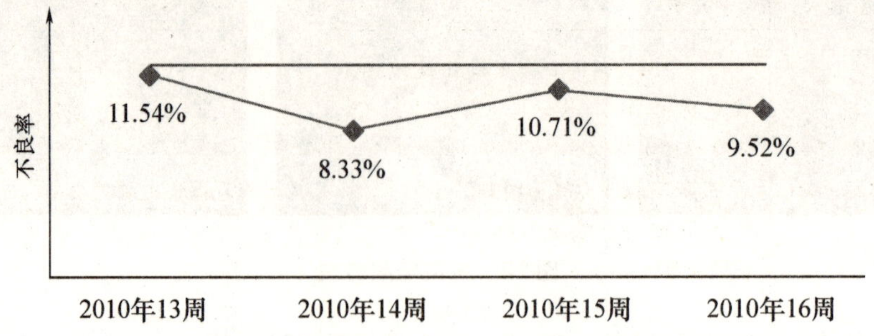

图24　巩固期内TC机架外观不良情况

（2）直接经济效益

巩固期内共计检验TC机架99个，取得直接经济效益：

巩固期内节约的总费用＝巩固期内TC机架检验总量×（改进前外观不良率－改进后外观不良率均值）×TC机架单价

＝99×(33.74%－10%)×39887

＝937448.21（元）

（3）间接经济效益

①由于导致TC机架外观不良的因素逐一得到改善，从而大大节约了产品产出时间，加快了产品产出速度，提高了生产效率和效益；

②TC机架操作流程的优化减少了故障分析的时间，使得责任方能够在第一时间确认，从而加快了故障品的处理；

③从一定程度上提高了产品潜在质量。

12. 巩固措施及标准化

为使本次QC小组活动成果进一步巩固，小组对活动中的有效措施进行了标准化，如表20所示。

表20　巩固措施标准化情况

要因	对策	巩固措施	巩固措施实行情况
机架周转过程中无有效防护	建立机架周转过程中的防护措施	以会议纪要的形式要求各相关部门按新流程实施。 实施时间：2010年1月27日 实施人：王冕	会议纪要：略

续表

要因	对策	巩固措施	巩固措施实行情况
手推车操作员熟练度有差异	成立标准作业批导团队，对手推车操作人员进行培训和考核	将手推车操作规范加入《中转作业指导书》8DA 09901 2109 QRCVQ ED6 中 实施时间：2010 年 1 月 26 日 实施人：陈华峰	中转作业指导书：略
无合适的机架竖起工具	配置机架竖起工具	以会议纪要的形式要求各相关部门使用吊装工具正确竖起机架。 实施时间：2010 年 3 月 9 日 实施人：井玉辉	会议纪要：略

13. 总结和体会

经历“漫长”甚至是“痛苦”的改进系列活动，终于取得令人满意的成果。团队的战斗士气也获得了极大的提高。我们认为为了获得突破性的质量改进，纯粹利用经验和主观判断是很难抓出影响质量的关键因素并改进的。我们必须推陈出新，摒弃固有思维模式的局限，用多快好省的思路、事半功倍的策略才能完美地解决好问题。

本次 QC 活动已经圆满结束，我们计划下一步利用 QC 的理论提高 WCDMA 产线的生产效率、降低“八种浪费”，持续进行业务改进和优化。

第五章

现场质量管理的常用方法

生产和服务作业现场有诸多因素影响产品及服务质量，为了提高产品及服务质量，必须对这些因素进行调查和分析，予以策划、控制和改进，从而取得效果，以实现目标。在这一过程中，需要根据科学的工作程序，选用恰当的管理方法、统计方法和分析方法。

第一节　管理方法

管理方法是解决问题的程序性方法。为提高解决问题的有效性，世界各国和各企业非常重视管理方法的研究，提出了多种管理方法。本节介绍最基本、最常用的方法——PDCA 方法，以及以此为基础的其他方法。

一、PDCA 循环工作法

美国质量管理专家休哈特提出质量活动可以按照计划（Plan）、实施（Do）、检查（Check）、处置（Action）四个阶段来开展，称为 PDCA 方法。“计划－实施－检查－处置”四个阶段组成一个工作循环，其循环过程如图 5－1 所示。PDCA 方法是适合于各层次管理的方法，既可用于质量管理体系的管理，也可用于现场质量管理。本节就解决现场的质量问题，阐述该方法。

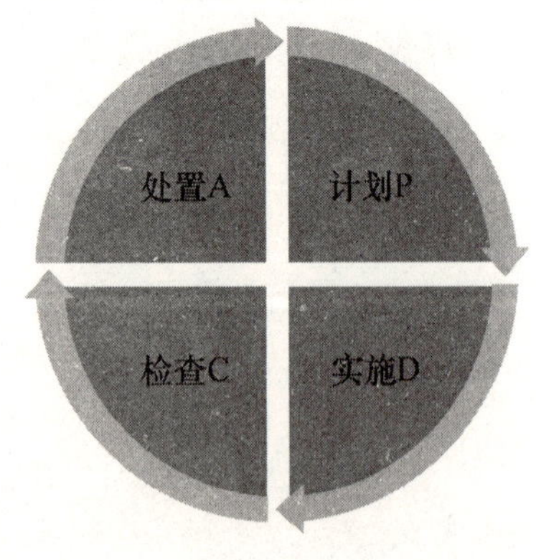

图 5－1　PDCA 循环的四个阶段

（一）PDCA 循环阶段

第一阶段：P 阶段，就是计划阶段。计划就是人们行动之前的一种安排。为此，首先要开展调查研究、分析现状，找出具体存在的质量问题，根据主客观两方面条件提出要求，确定目标；然后，制定出达到这些目标的具体方法、措施和对策，使计划安排做到具体周详，为转入实施阶段提供方便和依据。

第二阶段：D 阶段，就是实施阶段，或称执行阶段。在这个阶段，必须严格按照计划规定的目标和措施、对策，脚踏实地地将它们付诸实施。

第三阶段：C 阶段，就是检查阶段。对计划实施后产生的效果进行检查，并对实施前后进行对比，以确定所做的工作是否有成果。

第四阶段：A 阶段，就是处置阶段。通过第三阶段对比检查，找出经验和教训后，还需要加以处置，处置的内容包括两个方面，一是对成功的经验加以肯定，形成标准，并明确以后同样的工作要按这些标准去做，以便巩固成果；二是对做了却没有成效甚至失败的要及时吸取教训，提出后续措施。此外，对于尚未解决的值得提出的问题，将它作为遗留问题提出来，并将其转入下一个 PDCA 循环中去解决。

（二）PDCA 循环的特点

（1）DCA 循环作为一种严密的科学管理工作程序，四个阶段缺一不可，不可颠倒，这样才能在改进活动中有效运行。

（2）PDCA 循环是大环套小环，一环扣一环。即在 PDCA 的某一阶段也会存在制定计划、落实计划、检查计划和实施进度和处置的小 PDCA 循环，如图 5－2 所示。

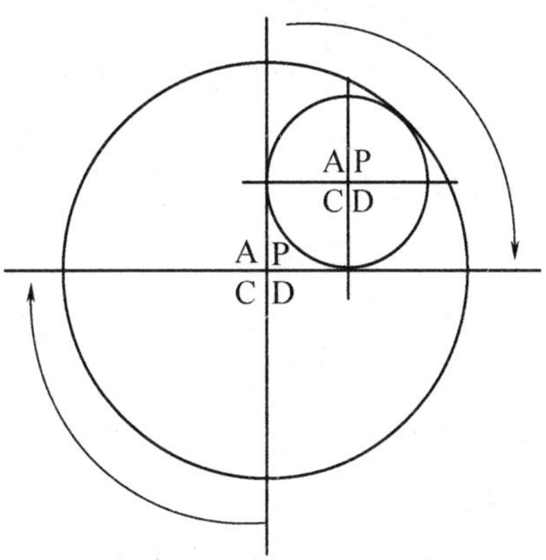

图 5－2　PDCA 大环套小环

（3）PDCA 循环是阶梯式不断提高的过程。如图 5－3 所示，PDCA 循环是周而复始的循环，其意不是在原水平线上的转动，而是每循环一次就提高一步，上升到一个新的高度，就又有新的更高的目标和内容。犹如爬楼梯一样，每经过一次循环，就会登上一个台阶。由此，产品质量、服务质量就不断地提高。

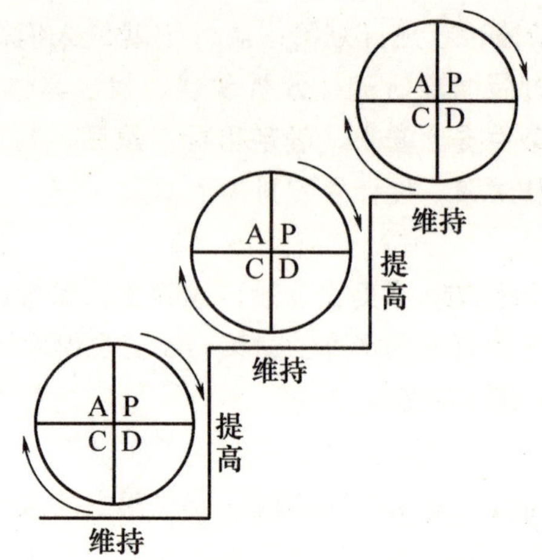

图5－3　不断上升的PDCA改进过程

（三）PDCA循环的步骤

PDCA循环的四大阶段可具体分为八个步骤：计划阶段可分为“选择课题”“掌握现状”“分析原因”“拟定对策”；实施阶段可分为“实施计划”；检查阶段可分为“确认效果”；处置阶段可分为“标准化”和“总结”。八个步骤的内容和注意事项具体如下。

1. 选择课题

生产和服务作业现场需要改进的问题很多，选择课题应以顾客投诉、重大质量问题或者过程能力指数过低为主要对象，特别是涉及产品安全性的质量问题。

（1）活动内容

①明确所要解决的问题的重要性和必要性；

②明确所要解决的问题是在什么地点、什么时间发生的；

③明确问题发生的严重程度，是涉及产品安全性，还是涉及产品主要功能；

④选定改进课题和目标值；

⑤组建课题小组，确定任务负责人；

⑥预算课题活动所需费用；

⑦拟定课题活动的时间表。

（2）注意事项

①现场存在的问题很多，受人力、物力、财力和时间的限制，解决问题时必须决定其优先次序。从众多的问题中确认最主要的问题，必须说明理由；

②小组成员必须具备产品和工艺的知识，并具有所要求的解决问题和实施纠正措施的技术素质；

③必须向相关人员说明解决问题的必要性；

④应合理设定目标值，要经济上合理，技术上可行；

⑤若需要解决的问题包括若干具体问题时，可分解成几个子课题；

⑥应规定解决问题的期限。

2. 掌握现状

课题选定后，需要进一步对质量现状进行调查分析，找出关键的质量问题。

（1）活动内容

①调查质量现状可以从五个方面入手，即问题、时间、地点、严重度、发生频率；

②从不同角度调查，找出关键的质量问题；

③去现场收集数据，保证调查问题更充分。

（2）注意事项

①找到关键的质量问题，是实现课题目标的关键；

②在调查和分析现状时，要注意数据的收集、整理和分析，只靠定性分析不够的，要尽可能地对质量现状进行定量分析，这样有助于掌握现状，并据此做出判断。

3. 分析原因

分析问题原因包含两个过程，即分析产生质量问题的原因（设立假设过程），以及从中找出影响质量的主要原因（验证假设过程）。

（1）活动内容

①分析产生质量问题的原因或因素

a）围绕关键质量问题，列出影响质量问题的所有原因，包括潜在原因。

b）利用“掌握现状”步骤中掌握的信息，剔除已确认为无关的原因，对剩下的原因运用统计方法和分析方法加以研究分析。

c）在研究分析中，标出认为可能性较大的主要原因。

②验证主要原因

a）到现场重新搜集数据或证据，制定计划来确定可能性较大的原因对问题有多大的影响。

b）综合全部调查到的信息，确定影响质量的主要原因。

c）如条件允许，可以有意识地将问题再现一次。

（2）注意事项

①对确认的主要原因必须进行验证。

②验证主要原因时，不能用原先收集的数据和信息，必须根据重新试验和调查获得数据有计划地进行。

③利用质量问题的再现性是验证主要原因的有效手段，但要考虑人力、物力、时间等多方面的制约条件。

4. 拟定对策

原因分析完成后，针对确定的主要原因拟定对策并制定措施。

（1）活动内容

①对策有两种：

a）应急对策：在问题发生的根本原因尚未找到之前，为消除该问题带来的后果而采取的临时应急措施。如：生产出不合格品，对其进行返修；产品不合格率偏高，用户很不满意，采取全数检验的措施。

b）永久对策：在出现质量问题时，找出产生问题的根本原因，采取措施，消除产生问题的根本原因，防止再次出现质量问题的对策。

②制定措施计划，也称为对策表，其内容包括序号、要因、对策、目标、措施、责任人（部门）、完成日期和备注等。

（2）注意事项

①应急对策只是将现象去除，而永久对策是消除产生问题的原因，防止再发生，两者要严格区分。

②实施永久对策前，必须对其进行评审，以确认所选的纠正措施能够解决质量问题，同时对其他过程不会有不良影响。

③制定措施计划前要明确六个问题（也有七个问题的提法），即“5W1H”：

a）“What”，即问题是什么，目标是什么；

b）“Why”，即为什么采取这一措施；

c）“Where”，即在哪个地方执行这一措施；

d）“Who”，即由谁或哪个部门、组织来负责执行这一措施；

e）“When”，即何时开始，何时完成；

f）“How”，即如何执行措施，如何完成任务。

再加一个H的话，比如：“How much”，即采取这一措施预计需要的费用是多少。

明确这七个问题的好处是责任到人、到时、到位，使执行人理解采取这一措施的意义，掌握执行这一措施的必要方法，了解执行后所需达到的目标，使计划工作真正做到切实可行，也为标准化工作提供依据。

④对待解决质量问题有多个方案时，应对每个方案的成功可能性、成本和时间等等，以及其他重要指标进行评估。在选择过程中可以使用简单的方法，如评分法或投票法。

5. 实施计划

拟定对策后，按制定措施计划进行实施。

（1）活动内容

按照预定的计划、目标、措施进行分工落实，具体而严格地执行。

（2）注意事项

①在执行中要做好沟通工作，明确各自的职责和任务，保证实施人能自愿而积极地去做；

②如果实施人对执行措施的方法不熟悉，应该事先进行培训；

③在执行中一旦发现还有更好的措施方案，必要时还可以修订原有措施；

④执行中发生意外情况，应及时分析，及时纠偏。

6. 确认效果

采取对策并实施后取得的效果要进行确认，若确认失误则会导致问题再次发生；若确认已取得效果，则为标准化提供依据。

（1）活动内容

①将采取对策前后的质量特性值、不合格品率等指标进行对比；

②将取得效果换算成金额，并与目标值比较；

③如果有其他效果，不管大小都可列举出来。

（2）注意事项

①本阶段应确认在何种程度上做到了防止质量问题的再次发生，用于改进前后比较的图表必须前后一致。例如，如果现状分析用排列图，确认效果时也须用排列图，这样才具有可比性；

②对于企业经营者来说，将确认的效果换算成金额是最重要的，会让经营者更清楚地认识到该项改进活动的重要性；

③采取对策后没有取得预期效果时，应确认是否严格按计划实施。如

果是，就意味着对策失败，重新回到“掌握现状”步骤。没有达到预期效果，应考虑是实施方面的问题，还是计划方面的问题。

7. 标准化

对有效的措施和对策要标准化，纳入质量文件，以防止同样的问题再次发生。

（1）活动内容

①为改进工作，应再次确认5W1H的内容，即What（做什么）、Why（为什么做）、Who（谁做）、Where（哪里做）、When（何时做）、How（如何做），并将其标准化，制定成技术管理标准；

②开展有关标准的准备及传达工作；

③实施教育培训；

④建立保证严格遵守标准的质量制度。

（2）注意事项

①必须是被活动实践证明的行之有效的措施，才能纳入有关文件或规程中，未经证明的方法不得随意列入巩固措施内；

②任何文件的修改都必须通过文件控制程序进行，不得随意进行文件的修改；

③一旦新标准制定，则必须将原标准撤出作业现场，避免新旧标准同时出现在作业现场，引起混乱；

④为保证新标准的贯彻实施，对相关人员的教育培训是必要的，并需制定严格的质量责任制度。

8. 总结

对改进效果不显著的措施，及改进实施过程中出现的问题要加以总结，为开展新一轮持续改进活动提供依据。

（1）活动内容

①总结实施过程中的经验教训；

②找出遗留问题；

③考虑解决这些问题后下一步做什么。

（2）注意事项

①现场存在的问题很多，受人力、物力、财力和时间的限制，不可能通过一次改进活动就能解决所有问题。因为，持续改进活动要长期持久地开展下去，开始时就定一个期限，到时候进行总结，对不成功的教训要分析原因，分清责任，对没有解决的问题或者新出现的问题要提出来，作为下一个循环所要解决的问题之一。

②提出遗留问题的实质是信息反馈，即为下一个循环的计划提供必要的信息，使之促进产品和服务质量的提高。

总之，职工若能自觉地使用 PDCA 循环的工作程序和八个步骤的管理方法，遇到问题基本都可以得到有效解决。这样，在持续改进活动中，一方面提高了产品和服务质量，另一方面，职工自身的素质也得到了不断的提高。

（四）流程图

在运用 PDCA 循环工作法改进过程中，为了分析现行过程、识别控制对象和再造新的过程，以及便于相关人员之间的沟通，通常对某一个过程的各项活动用流程图形式表示。

流程图是将某一过程的各项活动的顺序用图的形式表示出来的一种图示技术。通过一个过程中各项活动之间的关系研究，来发现质量问题存在的潜在原因，并找出哪些环节需要进行改进。

1. 流程图的符号

流程图应用的基本符号见表 5－1。在实际应用中可以增减，关键是把过程活动描述清楚。

表 5－1 流程图的符号

名称	形状		意义
端点	椭圆		表示一个过程的开始或结束
活动	矩形		表示各步骤采取的活动
决策	菱形		表示过程中的一个判定，而判断的结果（是/否）会导致在菱形各角引出不同的路线
流程线	箭头线条		表示步骤在顺序中的进展和流向
文件	长方框		表示该活动的相关文件资料
数据库	圆柱		表示该活动的电子存储信息
连接点	圆形		表示流程线的转换

2. 注意事项

（1）要到现场观察，根据观察结果绘制流程图。

（2）向有关人员请教，并核对其准确性。

3. 应用实例

以电冰箱制造为例，流程图如图 5－4 所示。

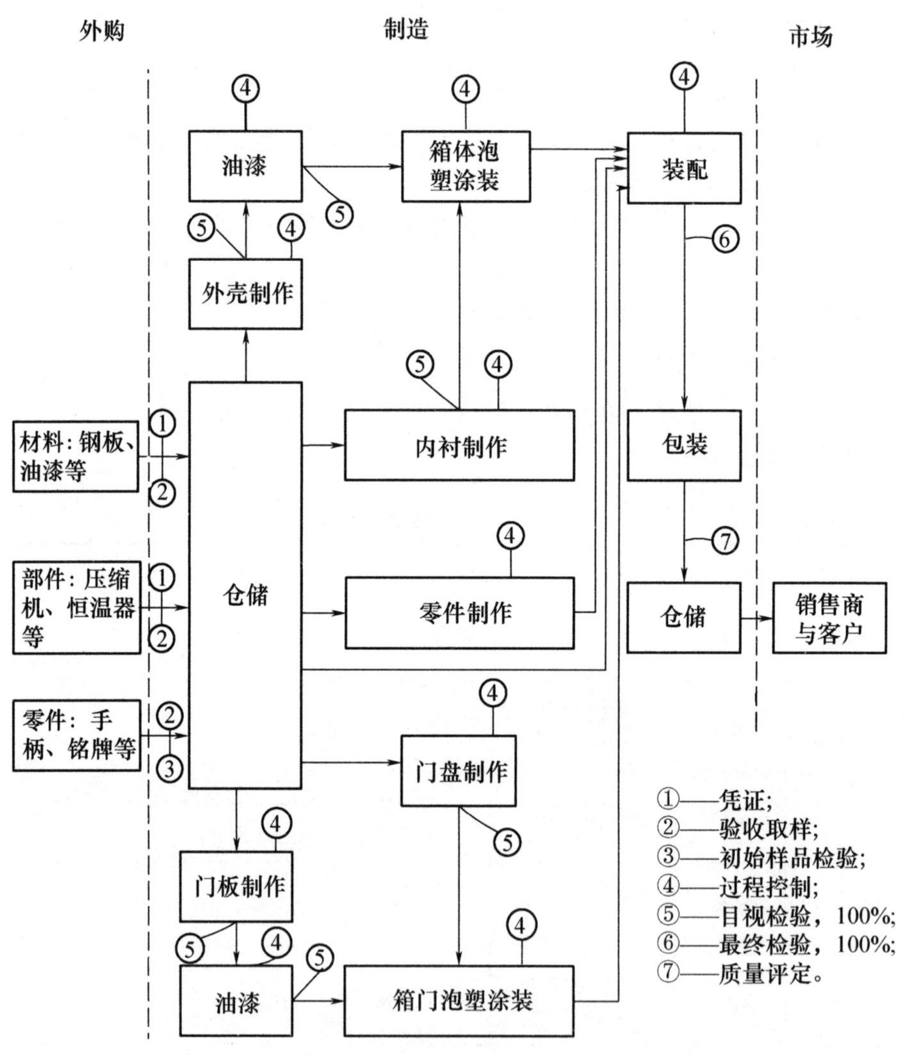

图 5－4　电冰箱制造流程图

二、其他管理方法

自 PDCA 循环工作法问世以来，在世界各国取得巨大成效，并纷纷开始重视质量改进工作手段。同时，在此基础上，结合各国和各企业自身特点，加以发展，至今已有多种管理方法。下面简单介绍两种管理方法，即六西格玛改进工作法（DMAIC）和 8D 工作法。

1. 六西格玛改进工作法（DMAIC）

美国在全面质量管理的基础上，创造了六西格玛管理理论，要求做任何事情一开始就要做对的理念。因此，六西格玛管理注意发现潜在的、隐藏的问题。它不是事后发现问题，再采取对策，而是去寻找潜在、可能的问题，预先处理，不给它发生的机会。六西格玛改进工作法的 DMAIC（define，measure，analyze，improve，control）五大步骤如下：

D——界定阶段（项目启动）：根据顾客的需求，确定需要改进的产品或过程，并将改进项目界定在合理的范围内。

M——测量阶段（确定基准）：通过对现有过程的质量特性数据收集和分析，发现问题与机会，从而确定目标值。

A——分析阶段（确定要因）：通过数据统计分析，寻找影响质量特性的主要原因。

I——改进阶段（消除原因）：寻找优化过程输出，并且消除或减小主要原因影响的方案，使过程得到改进。

C——控制阶段（控制原因）：通过对主要原因的控制和管理，使过程得以稳定，从而保持过程改进的成果。

2. 8D 方法

8D 的全称为 8 disciplines，意为 8 个人人皆知解决问题的工作步骤。该方法起始于福特汽车公司的全球化产品质量管理及改善的工作方法，之后成为 QS 9000 中该公司的特殊要求。凡是做福特的零部件，必须采用 8D 作为产品质量改进的工具。目前，有些企业并非福特的供应商或汽车业的合作伙伴，也喜欢采用这个方便且有效的方法来解决产品质量问题，成为一个固定而有共识的问题解决步骤。

8D 工作方法由一个准备步骤和八个工作步骤组成。

D0：征兆紧急反应措施。首先要分析此类问题是否需要采用 8D 来解决，如果问题太小，或是不适用 8D 来解决问题，采用暂时应对措施。

D1：成立小组。由课题的相关人员组成，通常是跨部门的，并且明确小组成员各自担任的责任与角色，同时明确课题负责人。

D2：问题说明。收集所有有关数据来说明问题，要注意所描述问题是特别有用的数据，并且与顾客所确认的问题是一致的。

D3：实施并验证临时措施。在永久纠正措施实施前，评价紧急响应措施，找出和选择最佳临时抑制措施，避免问题扩大或持续恶化。

D4：确定并验证根本原因。用统计方法列出引起质量问题的所有原因，包括所有潜在原因，并确定和验证产生质量问题的根本原因。

D5：选择和验证永久纠正措施。拟定改善计划，列出可能的解决方案，选定要执行的永久对策，验证改善措施，消除 D4 发现的根本原因。

D6：实施永久纠正措施。实施永久措施计划，确定过程控制方法并形成书面文件，确保根本原因的消除，保证其长期有效。

D7：预防再发生。修改现有管理系统、操作系统、工作惯例、设计与规程，以防止这一问题与所有类似问题的重复发生。

D8：小组祝贺。若上述步骤完成后，问题已解决，则要肯定改进小组的努力，对小组工作进行总结和奖励，并规划未来的改善方向。

第二节　统计方法

在现场质量管理中，开展质量控制和持续改进活动，需要对数据进行分析，才能制定目标和措施，寻求改进机会。为此必须使用统计方法，了解数据波动的规律和各变量的相互关系。

一、质量数据

（一）产品质量的波动

在现场生产过程中，产品质量必然是波动的，即使在同一台机器，同一位操作者采用同一种方法，用相同材料加工同一种产品，其产品质量特性值也不是完全一致的。例如，加工一批螺钉，其外径多多少少总是参差不齐的，但只要控制在规范限内，就认为那些螺钉都是合格的。许多产品的质量标准规定了上下限值，就是在承认这种差别的基础上对于产品质量波动作了一定的限制。

产品质量波动是由生产过程中七大因素变化所造成的，即人、机、料、法、环、信、测等质量因素波动影响的结果。产品质量的波动可以分为以下两类。

1. 正常波动

正常波动是由偶然性原因造成的，且不可避免。这种因素在生产现场中经常、大量地存在，影响着产品的质量。例如，同类材料性质上的微小差异、测量仪器的误差、设备的正常磨损和轻微振动、检验的误差等等。这些因素很多，不易识别，哪个因素在起主要作用纯属偶然，但对产品质量的影响较小，并在技术上难以消除，在经济上也不值得消除。当然，这仅仅是相对的，随着科学技术水平和管理水平的提高，会使现有的质量水平在受控的基础上得以提高，达到一个新水平。这就是质量改进。

2. 异常波动

异常波动是由系统性原因造成的。它是使产品质量发生显著变化的因素，如原材料用错、设备带病运转、测量仪器失准、操作者违反工艺、检验差错、环境变异和信息错误等等。这类因素不多，但对产品质量的影响较大，易于识别，而且能够采取措施避免。对于生产过程，能经常、及时地消除系统性原因，使其处于只有偶然性原因在起作用的状态，我们就说生产过程处于稳定状态。这就是质量控制。

（二）质量数据的收集

在现场质量管理中，如果不对所收集的质量数据进行分析，就不能找出质量波动的规律并加以控制。因此，要实行现场质量管理，就一定要通过有目的地收集数据，运用科学的方法，进行统计整理和分析，从中获得有关产品质量或者过程状态的准确信息。所以，收集数据是有效地开展现场质量管理的第一步。

在收集和运用数据时，应注意以下四点：

1. 要用准确的“数据”说话

现场质量管理是根据生产实际情况作出判断并采取行动的。“数据”是事物客观存在的反映，数据应出自准确的记录。任何错误、虚假的数据，不但无用，而且有害。

2. “数据”必须经过适当整理

根据直接对现场的观察和对产品的检测而取得的原始数据往往是杂乱无章、很不规律的。只有经过科学整理，才能把数据中带有规律性、本质的内容揭示出来，才能客观地反映事物的本来面目。

3. 必须注意“数据”的来源

数据的收集、整理和分析，其目的是为了掌握产品质量动态，及时发现异常波动，找出其原因，采取具有针对性的措施加以解决。因此，收集数据时，必须同时记录数据收集的时间、地点、对象、方法和条件等，便于“跟踪追击”，准确地抓住问题产生的根源。来源不明的数据是没有价值的。

4. 必须明确收集“数据”的目的

在现场质量管理中，收集数据的目的主要分成两类：一类是为了调查、分析并预测日常生产过程；另一类是为了调查、分析并判断一批产品质量如何，对产品进行准确的评价和验收。数据收集的目的不同，其对象、方法也不同。

（三）收集质量数据的方法

在产品大批量连续加工的情况下，产品质量检验往往受到各种条件（检验费用、工作量、手段等）的限制，不可能进行全数检验，特别是属于破坏性检验（致使产品功能丧失或下降）的产品，更不允许对它进行逐个检验。因此，要研究数据收集的方法。

先介绍收集质量数据时常用的几个名词术语。

（1）总体，是指研究对象的全体。例如，研究对象是过程的某个质量特性，则该过程就是总体，研究对象是某批产品的质量特性值，则该批产品就是总体。总体可以是有限的，也可以是无限的。如：一批数量数得清的产品，这批产品就是有限总体；某个过程特性，无法数清其中包含的产品，该过程就是无限总体。总体一般用 N 来表示其大小。

（2）个体，是构成总体的基本单位。有些个体可以自然地划分出来，如总体是某个过程加工轴的外径尺寸，其中每根轴的外径尺寸可以看作一个个体，有些个体只能由人工进行划分，如总体是一列车煤时，个体可以是10克煤，也可以是50克煤，个体划分需要就具体情况而定。

（3）样本，是从总体中随机抽取出来并对其进行检测的一部分个体，样本中包含的个体数量称为样本量，用 n 表示。如从某个过程抽取5根轴，样本量为5，如从一列车煤抽取100g煤，若个体为10g，则样本量为10；若个体为50g，则样本量为2。

（4）随机抽样，就是要使总体中每一个个体都有同等机会被抽取出来的一种活动。

抽取样本的目的是研究总体的状况，通过对样本的统计量（数据）进行统计分析，可以推断总体的质量状况。在总体、样本和数据之间存在着如表 5-2 的关系。

表 5-2　总体、样本和数据关系

目　的	总　体	样　本	数　据
判断一批产品是否接受	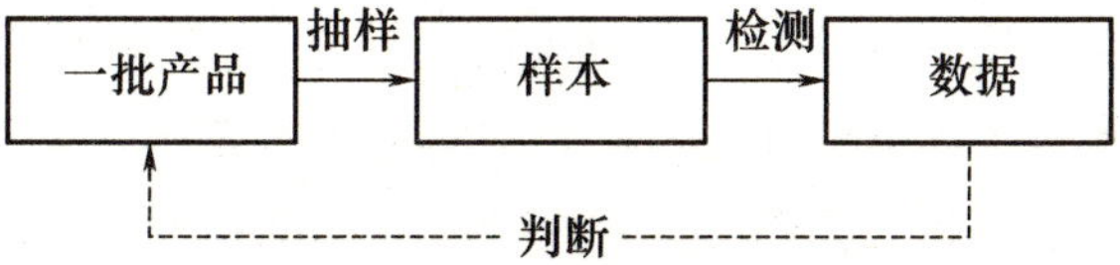 一批产品 —抽样→	样本 —检测→	数据（判断→一批产品）
判断一个过程是否稳定，是否满足要求	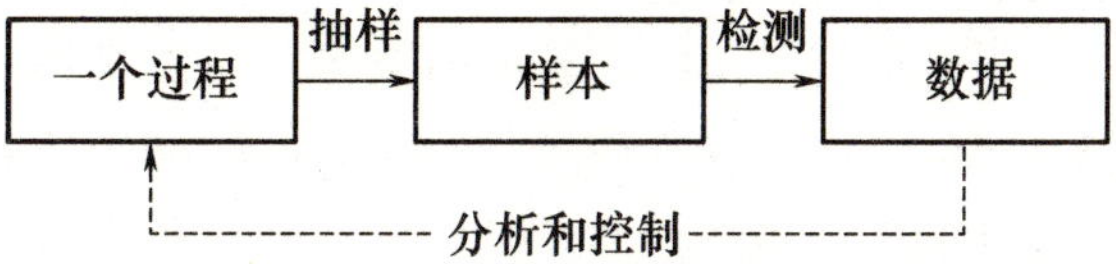 一个过程 —抽样→	样本 —检测→	数据（分析和控制→一个过程）

（四）质量数据的种类

由于数据性质不同，数据的波动规律也不同，采用的统计分析方法也不同，所以了解数据的种类是十分必要的。通常，数据分为计量值和计数值两类。

（1）计量值，是指可以用计量器具测量出来的质量特性值，它属于连续型数据，可以在某一区间内连续取任何数值。如长度、重量、含量、强度、寿命等。

（2）计数值，是通过一个个计数单位表示质量特性值，它属于离散型数据，不能连续取值，只能取零和正整数，得到“0，1，2，3”等数，如不合格品数、气泡数、疵点数、杂菌数等等。计数值可分为两种：一种是计件值，如一批产品有多少件不合格品数、其不合格品率为多少；一种是计点值，如一铸件上有多少个砂眼、气孔，一匹布有多少个疵点等等。

在现场质量管理中，并不是所有质量特性都有现成的数据可以收集和直接用来加以统计的，有时需要人为确定一些数字来进行统计。如食品的感官质量特性的评定往往采用评分法，人为地评上 3 分、5 分、10 分等。有时质量评定是定性的，即很满意、满意、一般、不满意等，为了便于统计和分析，需要进行赋值，将定性结果转化为定量结果。

二、分层法

分层法也叫做分类法或分组法。这是一种把记录的原始质量数据按不同的目的加以分类整理，以便分析质量问题及其影响因素的方法。我们把划分的组叫做“层”。分层的目的，是为了把性质不同的数据和错综复杂的影响因素分析清楚，找到问题症结所在，以便对症下药，解决问题。分层法是十分重要的方法，往往与其他统计分析方法结合起来运用，常用的有检查表、排列图、直方图和控制图等。

将质量数据分层时，不能随意地分，而是根据分析的目的，按照一定的标志加以区分，把性质相同、在同一条件下收集的数据归纳在一起，使同一层内的数据波动幅度尽可能小，即层内只有偶然性原因在起作用，各层之间差别尽可能大，即把系统性原因作用在层内，这样可提高异常因素检出力。分层的标志多种多样，一般可参照下列标志进行分层。

(1) 设备方面，按设备类型、新旧程度、不同生产线、生产方式和工装夹具等分层；

(2) 操作者方面，按不同操作者、年龄、性别、技术水平、班次等分层；

(3) 操作方面，按不同操作条件、工艺参数、生产进度快慢、操作环境等分层；

(4) 原材料方面，按产地、供应商、成分规格、投料时间、批次等分层；

(5) 时间方面，按不同班次、日期、季节等分层；

(6) 检测方面，按测量者、测量仪器、取样方法和取样条件等分层；

(7) 其他方面，按地区、气候、使用条件、缺陷部位、不合格项等分层。

以上分层方法可灵活运用，根据专业知识和实践经验加以改造。在运用分层法分析产品质量时，要特别注意各原因之间是否存在相互影响。

【例 5－1】 在某个装配厂，缸体与气缸盖之间经常发生漏油，必须调查密封不好的原因。通过现场分析，得知有两个原因造成，一是在涂粘合剂时，操作方法不同（有 3 个师傅），二是使用的气缸垫不同（由 2 家供应商制造）。于是需要用分层法分析漏油的原因。一般很容易采用（1）按操作者分层；（2）按气缸垫制造单位分层。现在，我们将收集到的数据按上述分层方法进行分类，结果见表 5－3。

表 5－3　漏油分层表（Ⅰa）

操作者	漏油	不漏油	漏油发生率
王师傅	6	13	0.32
李师傅	3	9	0.25
张师傅	10	9	0.53
共计	19	31	0.33

表 5－4　漏油分层表（Ⅰb）

材料	漏油	不漏油	漏油发生率
甲厂	9	14	0.39
乙厂	10	17	0.37
共计	19	31	0.33

由表 5－3 和表 5－4 可见，李师傅漏油发生率较低（0.25），乙厂生产的气缸垫的漏油发生率较低（0.37）。因此提出降低漏油发生率的办法是选用乙厂生产的气缸垫和采用李师傅的操作方法。但是，事与愿违，采用此办法后，漏油发生率反而增加。为什么？原因在于这种分层方法错误地认为操作者与供应商这两者之间是没有联系的。

若考虑两者之间有相互关系，则得漏油分层表，见表 5－5。

表 5－5　漏油分层表（Ⅱ）

操作者＼材料			气缸垫		合计
			甲厂	乙厂	
操作者	王师傅	漏油	6	0	6
		不漏油	2	11	13
	李师傅	漏油	0	3	3
		不漏油	5	4	9
	张师傅	漏油	3	7	10
		不漏油	7	2	9
合计		漏油	9	10	19
		不漏油	14	17	31
共计			23	27	50

由表 5－5 可见，若采用前一种改进方法（即用乙厂生产的气缸垫，采用李师傅的方法操作），那么漏油是 3 台，不漏油是 4 台，则漏油发生

率为 3/7 =0.43，比平均漏油率 0.38 还高。正确的改进方法应为：

（1）在使用甲厂制造的气缸垫时，应推行李师傅的操作方法；

（2）在使用乙厂制造的气缸垫时，应推行王师傅的操作方法。

所以，在单独运用分层法时，不能简单地按单一因素各自分层，应该考虑到各因素之间的相互影响。

三、排列图

（一）排列图的定义

排列图最早由意大利经济学家帕累托用来分析社会财富分布状况而得名。他发现少数人占有大量财富这一现象，即所谓“关键的少数和无关紧要的多数”的关系。这适用于许多领域，如市场销售中，20% 的“主要”顾客占有 80% 的销售量；人事方面，员工中很小一部分构成缺勤的大多数；在质量控制上，大量的质量不合格品消耗的费用归结于极其重要的少数因素。

在现场质量管理中，我们常感到质量问题许许多多，如果一起抓，恐怕办不到。因此，要集中精力，分清主次，这样才能很快收到效果。

排列图是寻找影响质量的主要问题，确定持续改进关键项目的工具。在现场质量管理中，常用排列图来寻找主要质量问题和确定影响质量的主要原因。排列图是由两个纵坐标、一个横坐标、几个连起来的直方图和一条累计值曲线组成，其图形见图 5－5。

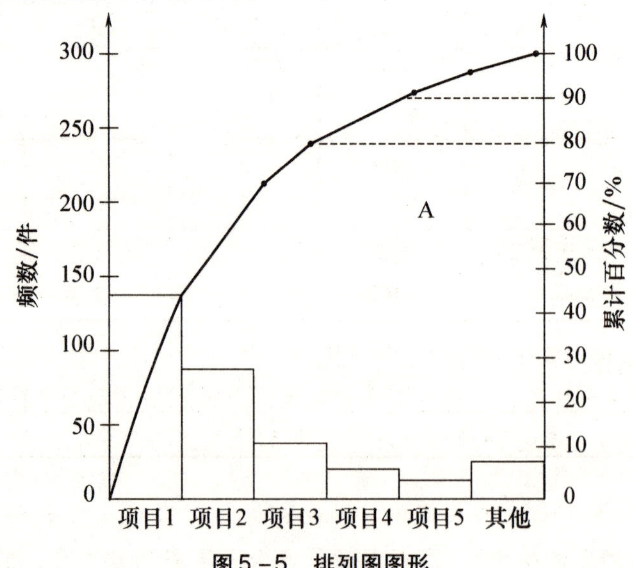

图 5－5　排列图图形

（二）作排列图的步骤

（1）收集一定期间的有关某个质量问题的数据。

（2）将数据按预定标志（原因、工序、部位、类型等）进行分层，每一层为一个项目。

（3）计算各类项目重复出现的次数（如：以件计数，或以金额计等）即为“频数”。

（4）计算各类项目的累积频数和累计百分数。

（5）画出排列图的一个横坐标和左、右两个纵坐标。横坐标表示各类项目（按频数的多少自左至右排列），左边纵坐标表示频数，右边纵坐标表示累计百分数。

（6）各个项目直方形的高度按各自频数，对应于左边纵坐标的频数标高。

（7）对应于右边纵坐标的累计百分数标高，按各项目累计百分数在直方形的右上方描写点子，并将所有点子依次连接成一条曲线，即帕累托曲线。

（8）在左边纵坐标的内侧上方填写项目出现的总次数（用 N 表示），在各项直方形的顶端写上各自的频数，在帕累托曲线的各点旁边写上各自累计百分数。

（9）从右边纵坐标累计百分数为 80% 处向左引一条平行于横坐标的虚线，与帕累托曲线相交为止，累计百分数在 0 ~ 80% 的项目就是所要找出的重要问题，称之为“A 类因素”；累计百分数在 80% ~ 90% 的称为“B 类因素”，即次要问题；累计百分数在 90% ~ 100% 的称为“C 类因素”，即一般问题。

（10）填写排列图的名称、收集数据的时间、绘制者和分析结论等事项。

（三）应用实例

【例 5 - 2】 某机械厂 QC 小组分析某轧辊的加工质量，对轧辊废品进行排列图分析，找出存在的主要问题。

在 1 月~6 月里，共报废 170 根轧辊，对报废的轧辊按质量问题的特征分层整理数据，列出分项统计表（见表 5 - 6）。

表 5－6　报废轧辊统计表

项目	废品数/根	累计废品数/根	累计百分数/%
缩孔	95	95	56
碰坏	44	139	82
凿花	25	164	97
对花	4	168	99
偏心	2	170	100
N	170		

按步骤画出排列图（见图 5－6）。由图可见，“缩孔”是 A 类因素，“碰坏”是 B 类因素，“凿花”“对花”“偏心”是 C 类因素。因此，“缩孔”是轧辊报废的主要问题，该 QC 小组将就这个问题作为课题，开展质量改进问题。

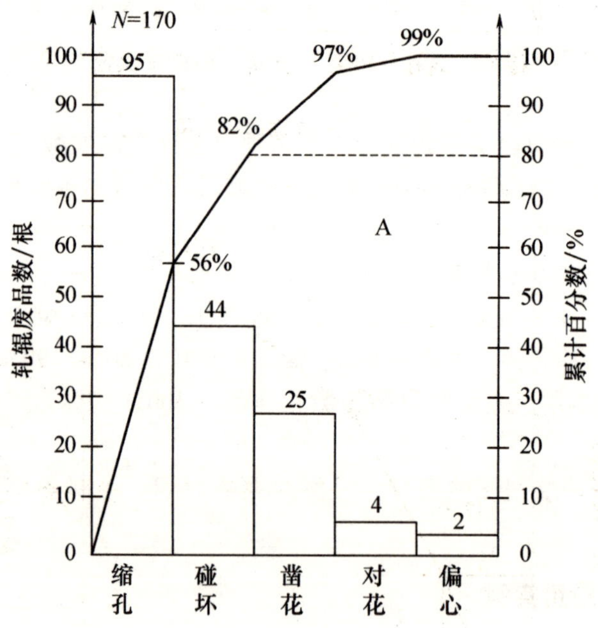

图 5－6　轧辊废品项目排列图

【例 5－3】 某铁路分局编组站安全畅通 QC 小组为了确保行车安全，对一年来行车事故的因素作排列图分析（见图 5－7）。

如图可见，在行车事故因素中最大问题是撞车事故，为了进一步分析引起撞车事故的原因，以便采取针对性措施，分别以调车作业区、调车工种、班次和时间四个方面进行撞车事故分层分析，分别画出排列图（见图

5－8～图5－11）。

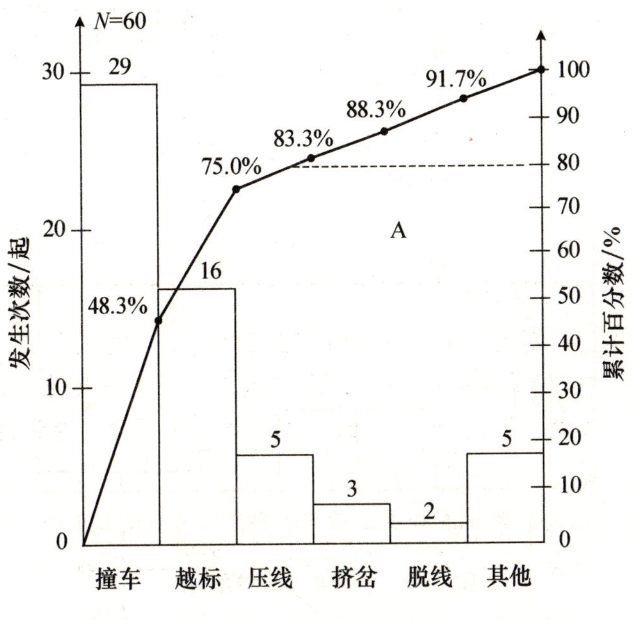

图5－7　行车事故排列图

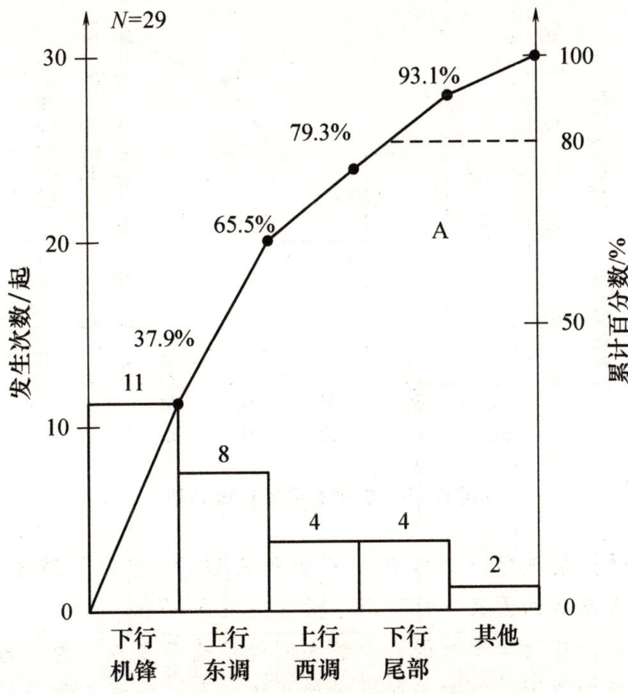

图5－8　行车事故作业区排列图

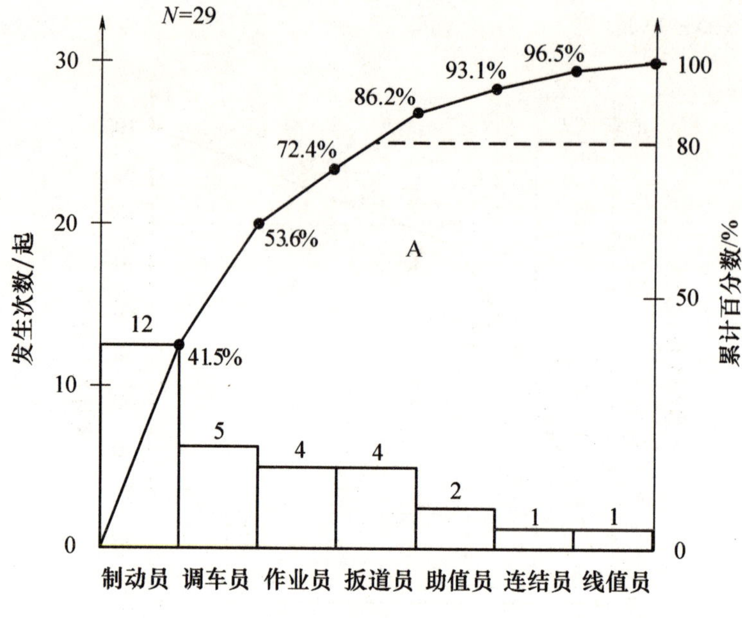

图5－9　行车事故工种排列图

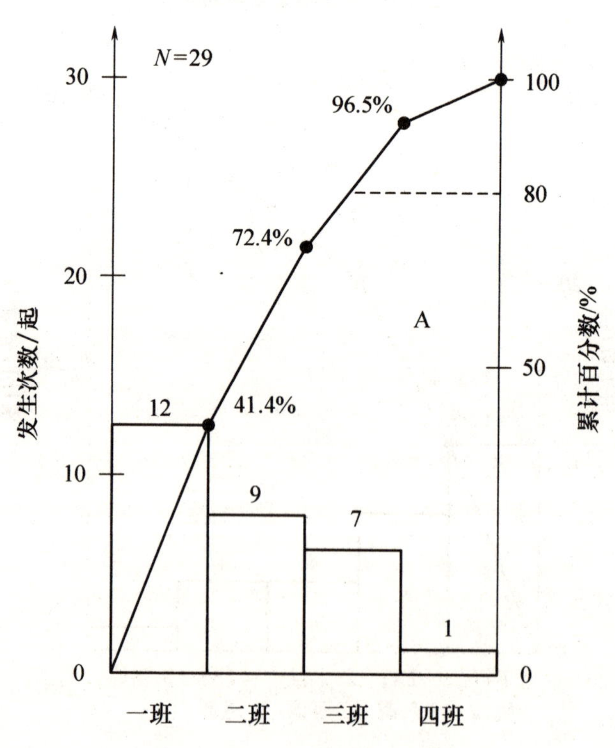

图5－10　行车事故班次排列图

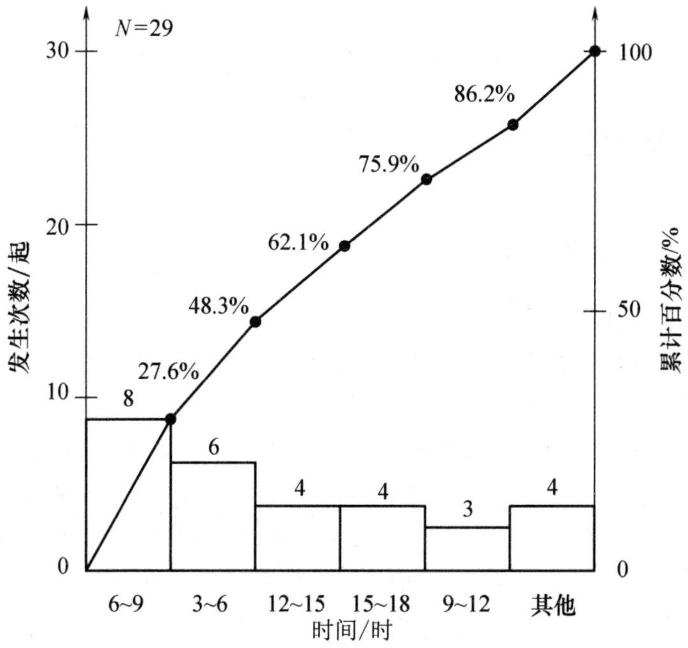

图 5－11　行车事故时间排列图

由图可见，发生撞车事故的主要问题在于：

（1）调车作业区：下行机锋，上行车调。

（2）调车工种：制动员和调车员。

（3）调车班次：第一班和第二班。

（4）调车时间：交接班前后上午 6～9 时和凌晨 3～6 时。

本例采用排列图和分层法相结合的方法，使主要问题充分暴露，可采取针对性强的措施，解决问题见效就快，效果就好。

（四）注意事项

（1）A 类项目一至二个为宜，至多不超过三个。若主要问题较多时，一方面应重新确定分层标志，另一方面可以根据具体情况，抓住最紧迫的问题，先行解决。

（2）不太重要的项目较多时，可以把最次要的几个项目合并为“其他”项，置于末项。

（3）主要问题若可以进一步分层，则需根据进一步分层的标志收集数据，再作排列图。

（4）在采取措施后，为了检查实施效果，还要重新作排列图进行比较，确认效果。

（5）左边纵坐标尽可能换算成金额来表示。

四、直方图

（一）样本统计量

结合实际案例说明如下。

【例5-4】 现在需要了解两家电视机厂生产的电视机寿命的质量，研究对象就是电视机寿命，称之为总体。首先要明确总体质量的度量方法：一是反映电视机寿命的平均质量水平，用均值 μ 来度量；二是反映电视机寿命的差异性，用方差 σ^2 和标准差 σ 来度量，其均值 μ、方差 σ^2 和标准差 σ 称为总体特征数。然而，我们无法测量所有电视机的寿命来计算其特征数。因此，通常分别从两家电视机厂随机抽取若干台电视机（称之为样本），并测量其寿命，然后计算其均值 $\bar{x}$、方差 s^2、标准差 s 和极差 R，称为样本统计量。然后用样本统计量来估计总体特征数。

1. 表示样本集中位置的统计量

样本均值：

$$\bar{x} = \frac{x_1 + x_2 + \cdots + x_n}{n} = \frac{1}{n}\sum_{i=1}^{n} x_i$$

式中，x_1，x_2，…，x_n 就是从总体中抽取样本量为 n 的样本数据。

2. 表示样本分散程度的统计量

（1）样本方差 s^2

$$s^2 = \frac{1}{n-1}\sum_{i=1}^{n}(x_i - \bar{x})^2 = \frac{1}{n-1}\left[\sum_{i=1}^{n} x_i^2 - \frac{1}{n}\left(\sum_{i=1}^{n} x_i\right)^2\right] = \frac{1}{n-1}\left[\sum_{i=1}^{n} x_i^2 - n(\bar{x})^2\right]$$

（2）样本标准差 s

$$s = \sqrt{s^2}$$

（3）样本极差 R

$$R = x_{\max} - x_{\min}$$

式中，$x_{\max}$ 和 $x_{\min}$ 分别为样本数据的最大值和最小值。

3. 用样本统计量估计总体特征数

（1）用样本均值估计总体均值：$\bar{x} = \hat{\mu}$；

（2）用样本方差估计总体方差：$s^2 = \hat{\sigma}^2$；

（3）用样本标准差的修正值估计总体标准差：$\frac{s}{C_4}=\hat{\sigma}$；

（4）用样本极差的修正值估计总体标准差：$\frac{R}{d_2}=\hat{\sigma}$（$n\leqslant10$）。

其中，C_4、d_2为修正系数，详见表5－7。

表5－7 修正系数表

系数 \ n	2	3	4	5	6	7	8	9	10
d_2	1.128	1.693	2.059	2.326	2.534	2.704	2.847	2.970	3.087
C_4	0.798	0.886	0.921	0.940	0.952	0.959	0.965	0.969	0.973

（二）直方图的定义

产品质量总是有波动的，但波动又是有规律的，波动的原因是由于七大质量因素影响的结果。这些因素综合影响的情况，可用总体质量分布状态及其特征数来表示。直方图是用于分析样本数据分布状态的一种图形，以便对总体分布状态及其特征数进行推断。

直方图的横坐标为质量特性值，纵坐标为频数。直方图是将数据的范围分成若干等间隔区间，以各区间为底边（横坐标），以落入各相应区间的频数（对应于纵坐标）的若干直方形按顺序排列的图形（见图5－12）。

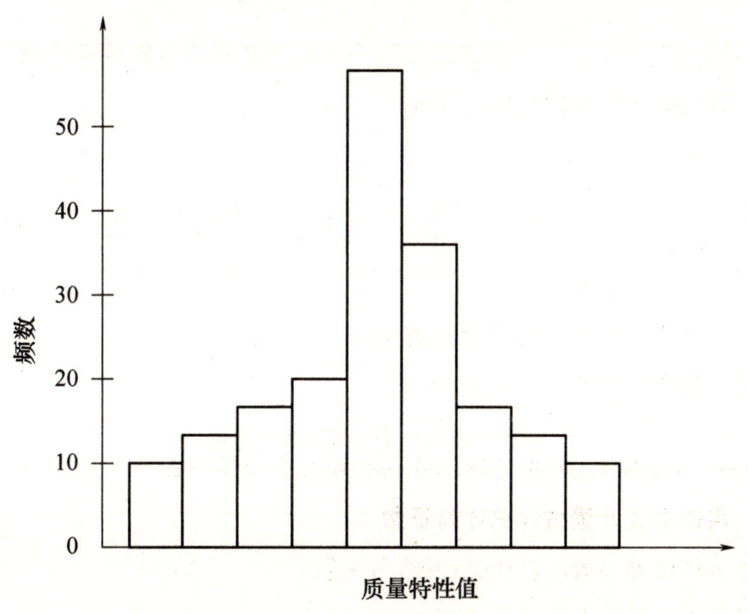

图5－12 直方图

（三）直方图的用途

直方图的用途主要包括：

（1）比较直观地看出产品质量特性值的分布状态，以便掌握产品质量分布情况；

（2）判断过程是否处于稳定状态，当过程不稳定，推测是哪个因素造成的；

（3）掌握过程能力及过程能力符合产品质量要求的程度，并推测过程的不合格品率。

（四）作直方图的步骤

结合实际案例说明直方图的作用步骤。

【例5－5】某电子元件厂生产电阻，希望了解电阻数值分布情况。从生产线上随机抽取100只电阻，测得其电阻值见表5－8。

表5－8　电阻器电阻值　　单位：Ω

3.44	3.37	3.39	3.37	3.31	3.32	3.38	3.38	3.34	3.33
3.41	3.36	3.38	3.36	3.36	3.31	3.37	3.37	3.33	3.36
3.4	3.35	3.37	3.35	3.35	3.3	3.36	3.36	3.32	3.35
3.39	3.34	3.36	3.34	3.34	3.29	3.35	3.35	3.31	3.34
3.38	3.33	3.35	3.33	3.33	3.28	3.34	3.34	3.37	3.36
3.37	3.32	3.34	3.32	3.32	3.27	3.33	3.33	3.36	3.35
3.36	3.31	3.33	3.31	3.31	3.41	3.32	3.32	3.35	3.34
3.35	3.3	3.32	3.37	3.36	3.4	3.31	3.31	3.34	3.36
3.34	3.29	3.31	3.36	3.35	3.39	3.3	3.3	3.33	3.35
3.33	3.39	3.3	3.35	3.34	3.38	3.29	3.38	3.32	3.35

1. 用工序分布表，整理原始数据

电阻器电阻工序分布见表5－9。

表5－9　电阻器电阻工序分布表

电阻值/Ω	计数	频数	累积频数
3.45		0	0
3.44	×	1	1
3.43		0	1

续表

电阻值/Ω	计数	频数	累积频数
3.42		0	1
3.41	××	2	3
3.40	××	2	5
3.39	××××	4	9
3.38	××××××	6	15
3.37	××××××××	8	23
3.36	×××××××××××××	13	36
3.35	××××××××××××××	14	50
3.34	××××××××××××	12	62
3.33	××××××××××	10	72
3.32	×××××××××	9	81
3.31	×××××××××	9	90
3.30	×××××	5	95
3.29	×××	3	98
3.28	×	1	99
3.27	×	1	100

2. 简化频数分布的图形

表5－9中电阻值的数值从3.44Ω～3.27Ω，共有17个区间，每个区间为0.01Ω，为简化频数分布的图形，需要减少区间的数量，就是把数据合并成若干“组别”。根据表5－10组数推荐表，把原始数据组合成6个组，每组的幅度为0.03Ω，如表5－11所示。

表5－10 组数推荐表

样本量	50～100	101～200	201～500	501～1000	>1000
组数	6～10	10～12	12～16	16～20	>20

表5－11 电阻值的频数分布

电阻值/Ω		频数	累积频数
组间界限	组中值		
3.415～3.445	3.43	1	1
3.385～3.415	3.40	8	9
3.355～3.385	3.37	27	36

续表

电阻值/Ω		频数	累积频数
组间界限	组中值		
3.325 ~ 3.555	3.34	36	72
3.295 ~ 3.325	3.31	23	95
3.265 ~ 3.295	3.28	5	100
合计		100	

注 1：组间的界限，应比原数据多取小数点一位，且其本位数应取为测量单位的 1/2。

注 2：组中值 = （组间上限 + 组间下限）/2。

注 3：组距 h 为 0.03Ω。

3. 作直方图（图 5－13）

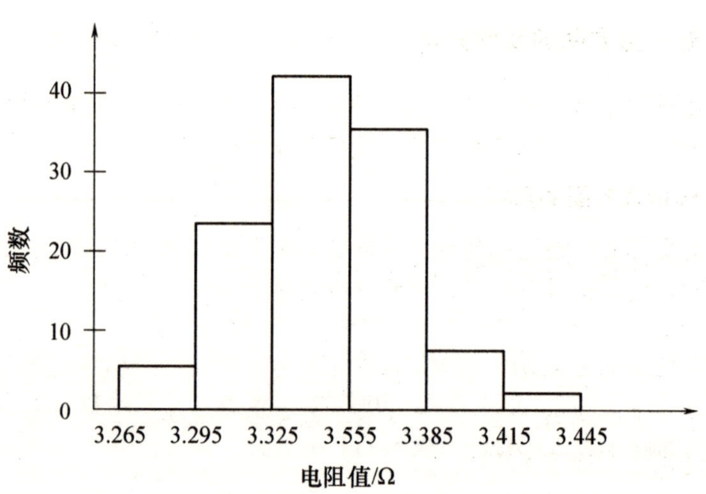

图 5－13　电阻值分布直方图

4. 计算样本均值和样本标准差（表 5－12）

表 5－12　计算均值 $\bar{x}$ 及标准差 s

组中值	频数 n_i	d	$n_i d$	$n_i d^2$
3.43	1	+2	2	4
3.40	8	+1	8	8
3.37（A）	27	0	0	0

续表

组中值	频数 n_i	d	$n_i d$	$n_i d^2$
3.34	36	-1	-36	36
3.31	23	-2	-46	92
3.28	5	-3	-15	45
合计	$n=100$		$\sum n_i d=-87$	$\sum n_i d^2=185$

$$\bar{x}=A+\left(\frac{\sum n_i d}{n}\right)h=3.37+\left(\frac{-87}{100}\right)\times 0.03=3.344$$

$$s=h\sqrt{\frac{n\sum n_i d^2-(\sum n_i d)^2}{n(n-1)}}=0.03\sqrt{\frac{100\times 185-(-87)^2}{100\times(100-1)}}=0.031$$

注1：A 为任意假定的原点，本例取 $A=3.37$，对应 $d=0$；

注2：d 值，以原点为量，向上每移一个组加1，向下每移动一个组减1。

（五）直方图的观察分析

现在我们作出了直方图，就能比较全面地反映产品质量的分布规律，从分布规律中可以分析产品质量状况和过程状态。

1. 分析直方图的形状

分析直方图可通过观察分布的形状，来判断过程是否稳定。当形状出现异常时，说明过程不稳定，进而寻找造成异常的原因。常见直方图类型见图5-14。

（1）正常型直方图（图5-14a），该图形一般左右大致对称成“山”形，即直方图中间为顶峰，左右大致对称的分布，称为对称性直方图。这时判定过程处于稳定状态。

（2）异常型直方图

该类图形，应判定过程处于不稳定状态或收集数据有问题，常见有以下几种：

锯齿型直方图（图5-14b）：做直方图分组不当（一般是组数太多）或检测数据不准确等原因造成的，应查明原因，采取措施，重新作图分析。

孤岛型直方图（图5-14c）：有测量误差、或过程出现异常因素，或混入少量不同规格的产品所造成的；

双峰型直方图（图5-14d）：观测值或测量值是由来自两个不同的过程所造成的，如两台设备或两位操作者加工的产品；

陡壁型直方图（图5-14e），一般当剔除不合格品后作直方图时，容

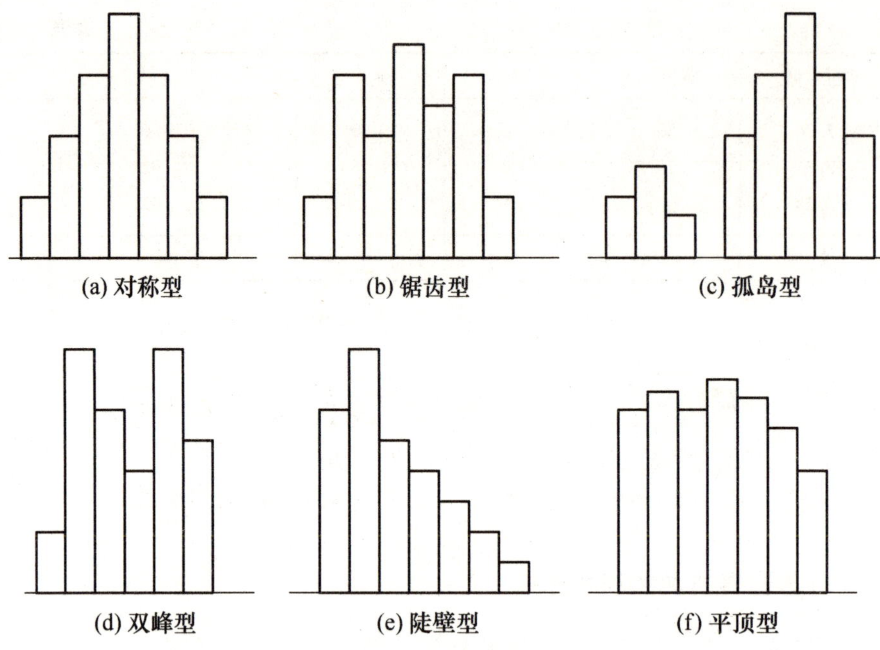

图 5－14　常见直方图类型

易出现此种情况；

平顶型直方图（图 5－14f）：往往是由于生产过程中有缓慢变化的因素在起作用所造成的，如刀具的磨损等，应采取措施，控制该因素稳定地处于良好状态。

2. 直方图与规范限的比较

当过程判定处于稳定状态，即直方图为正常型时，就需要将直方图与规范限进行比较。把直方图的测量值分布范围与规范限范围进行比较。判定过程能力满足规范要求的程度，一般有以下几种情况：

（1）测量值分布情况满足规范要求

a）直方图充分满足规范要求，现在的状况不需要调整［见图 5－15（a）］；

b）直方图满足规范要求，但不充分。在这种情况下，应考虑减少波动［见图 5－15（b）］。

（2）测量值分布不满足规范要求

a）均值偏离规范中心过大，需要采取措施，调整均值［见图 5－15（c）］；

b）测量值波动过大，要求采取措施，以减少波动［见图 5－15（d）］；

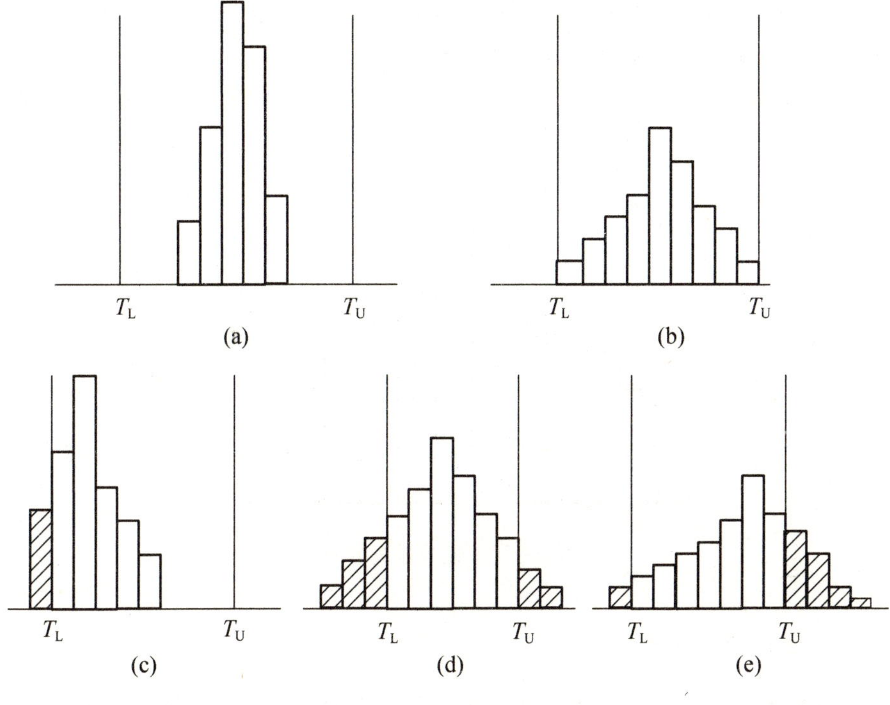

图 5－15　直方图和规范限比较

c）均值偏离和测量值波动都过大，需同时采取措施［见图 5－15（e）］。

（六）注意事项

（1）直方图适用于计量值数据。

（2）作直方图前要先分层，然后收集数据。

（3）作直方图要求样本量 50 以上，至少 30；小于 30 要特别注意。

（4）在图形分析时，直方图多少有些参差不齐，这可不必过多注意，而应着眼于图形的整个分布状态。

（5）当出现偏峰型直方图时（见图 5－16），造成的原因多种多样，需要仔细分析。可能有以下几种原因：

①当规范限为单侧要求，如化工产品的成分，产品质量分布呈偏峰型直方图，此时过程也处于稳定状态；

②操作者的心理因素、有意识地向规范限靠拢所致；

③由于分层不当，存在两个不同总体，如不同操作者、不同设备、不同原材料等加工的产品混合，且均值又较接近所造成；

④影响质量因素在某一时刻突发变化，如烘焙的温度突然升高，化学反应过程中某种催化剂耗尽等可能产生。

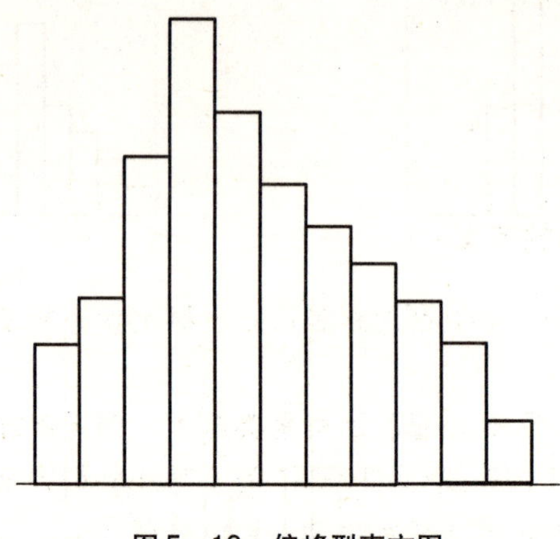

图 5－16　偏峰型直方图

（七）正态分布

当样本直方图呈对称性直方图，就可以推断总体质量分布呈正态分布。

正态分布是现场质量管理中最常用的数学模型，其分布曲线见图 5－17，函数式为：

$$f(x) = \frac{1}{\sqrt{2\pi}\sigma} e^{-\frac{(x-\mu)^2}{2\sigma^2}} \quad (-\infty < x < +\infty)$$

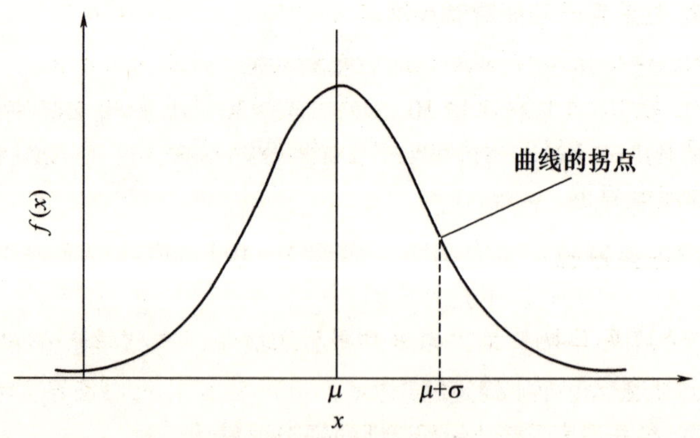

图 5－17　正态分布曲线

其中有两个参数：参数 μ 是正态分布的均值，是分布的中心位置，反映产品质量的平均水平；参数 σ 是正态分布的标准差，是分布的散布大小，反映产品质量的差异性。

五、控制图

（一）控制图的定义

控制图是用于分析和判断过程是否处于稳定状态所使用的带有控制界限的图。

我们已经知道，引起质量波动有两类原因，即偶然性原因和系统性原因。由这两种原因产生的波动，分别称为正常波动和异常波动。若过程处于正常波动，则过程就处于稳定状态；若过程有异常波动，则过程就处于异常状态。进行现场质量管理的一项重要工作，就是要在生产过程中把两种原因产生的波动区分开来，找出系统性原因，采取措施，并加以消除。控制图就是具有区分正常波动和异常波动的功能图表，是现场质量管理中非常重要的统计工具。

控制图的种类很多。在现场质量管理中，最常用的是均值极差 $\overline{X}-R$ 控制图和单值移动极差 $X-R_s$ 控制图。这两种控制图用于控制对象为计量值数据，如长度、重量、含量、强度、纯度、时间、产量等。假设总体分布是正态分布，其有两个参数，即总体均值 μ 和总体标准差 σ；样本均值 $\overline{X}$ 图和样本单值 x 图是用于观察总体均值 μ 的变化样本，样本极差 R 图和移动极差 R_s 图是用于观察总体标准差 σ 的变化。

控制图纵坐标表示样本统计量，横坐标表示样本号或时间。图上还有3条线：中心线 CL、上控线 UCL、下控线 LCL。这三条线如何计算，在现场质量管理中，由质量工程师或设备上随带显示器提供。现场员工主要掌握控制图的观察分析。

（二）应用实例

【例5－6】 某工具厂生产的直柄麻花钻头，其尺寸要求为 $\phi6.2_{-0.034}^{-0.005}$ mm。因生产批量大，为控制过程稳定，采用钻头尺寸均值与极差控制图（$\overline{X}-R$ 图）。相关图表见表5－13和图5－18。

说明：为了便于数据记录和分析，将规格要求 $\phi6.2_{-0.034}^{-0.005}$ mm 变换为 $\phi6.1_{+66\mu}^{+95\mu}$ mm，将收集的数据减去6.1mm后，测量单位6.1 + μ 进行变换。

表 5-13 $\overline{X}-R$ 控制图数据表

编号：××-×××

××××厂	$\overline{X}-R$ 控制图数据表	工艺验证表 自　年　月　日 至　年　月　日

零件号	××-×××	工序名称	精磨	测量仪器	千分尺
零件名称	直柄麻花钻	使用设备	无心外圆磨床	测量单位	$6.1+\mu$
规格要求	$\phi 6.1^{+95\mu}_{+66\mu}$	操作者	朱××	记录者	付××

日期	时间 组号	x_1	x_2	x_3	x_4	x_5	$\bar{x}$	R	备注
	1	82	81	87	78	85	82.6	9	
	2	85	83	87	81	76	82.4	11	
	3	81	82	84	80	87	82.8	7	
	4	85	82	83	80	82	83.4	8	
	5	83	79	83	73	84	81.4	6	
	6	87	79	82	75	75	79.6	12	
	7	81	79	82	87	87	83.2	8	
	8	90	86	84	80	80	84	10	
	9	81	79	81	84	84	81.8	5	
	10	78	82	90	77	77	80.8	13	
						合计	822	89	

$\overline{X}$ 控制图

$UCL=\bar{\bar{x}}+A_2\overline{R}=87.34$

$LCL=\bar{\bar{x}}+A_2\overline{R}=77.06$

$CL=\bar{\bar{x}}=82.2$

R 控制图

$UCL=D_4\overline{R}=18.8$

LCL 不考虑

$CL=\overline{R}=8.9$

$\bar{\bar{x}}=82.2$，$\overline{R}=8.9$

n	A_2	D_4	d_2
4	0.729	2.282	2.059
5	0.577	2.115	2.3626

$6\hat{\sigma}=6\overline{R}\times\frac{1}{d_2}=22.9$，$C_p=\frac{T}{6\sigma}=\frac{29}{22.9}=1.266$

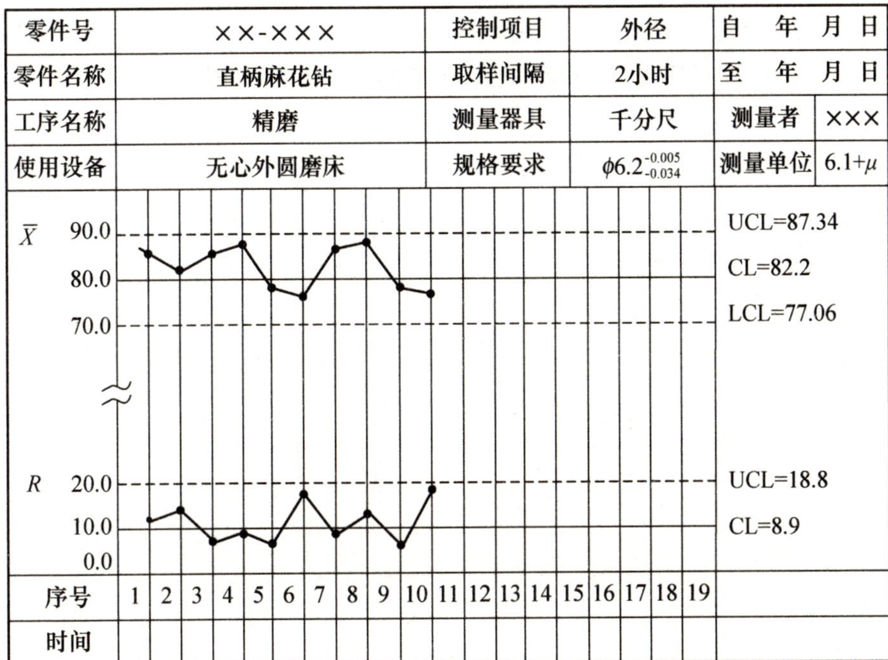

图 5-18 $\overline{X}-R$ 控制图

（三）控制图的观察分析

1. 先分析 R 图和 R_s 图

（1）在 R 图或 R_s 图上检查各点无超出控制限，且无异常排列或趋势，则判定总体标准差 σ 不变。

（2）在 R 图或 R_s 图上，若有超出上控制限的点，或者若干点连续上升，则表明总体标准差已经变大，属于异常波动，必须查明波动原因。若有一点低于下控制限，或者若干点连续下降，通常表明存在下列情况之一：

①控制限或描点出错；

②总体分布的标准差 σ 已经变小（好事情，需研究推广）；

③测量系统已发生变化，此时要认真分析，找出有用信息。

（3）当一点超出上控制限并查明原因后，采取措施，确认此问题不再发生，则可剔除该子组，重新计算 R 图或 R_s 图的控制限，再一次检查是否有异常波动，若有则重复“识别－纠正－重新计算”的程序。

（4）从 R 图或 R_s 图中剔除任一子组，则相应的 $\overline{X}$ 或 X 图的子组也应剔除，并重新计算 $\overline{X}$ 或 X 图的中心线和上、下控制限。

2. 当确认 R 图或 R_s 图受控后，就可转入 $\overline{X}$ 图或 X 图的分析

（1）在图 $\overline{X}$ 或 X 图上检查均值点或单值点，若无超出控制限，且无异常排列或趋势，则判定总体均值 μ 不变。

（2）$\overline{X}$ 图和 X 图有 8 种异常波动模式，分为三种类型：

①总体均值 μ 变大或变小（四种模式），见图 5－19～图 5－22。

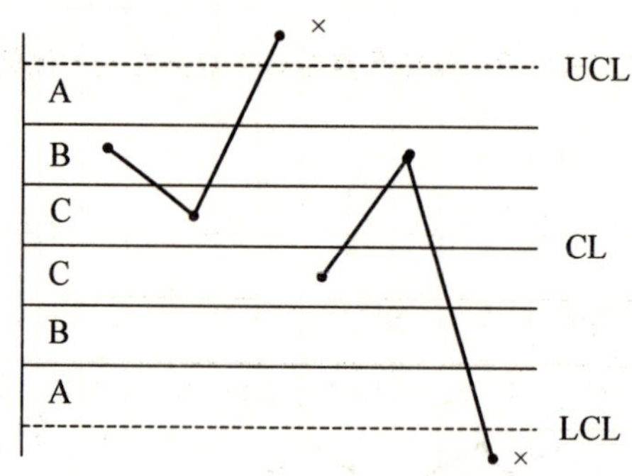

图 5－19　模式 1：一个点超出 A 区

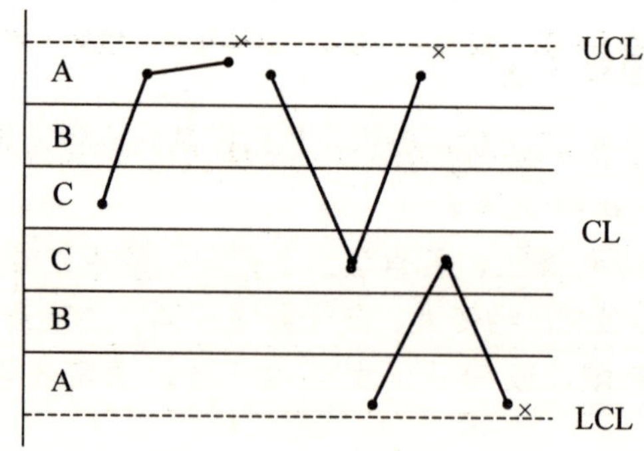

图 5－20　模式 2：连续 3 个点中有 2 个点落在同一侧的 B 区外

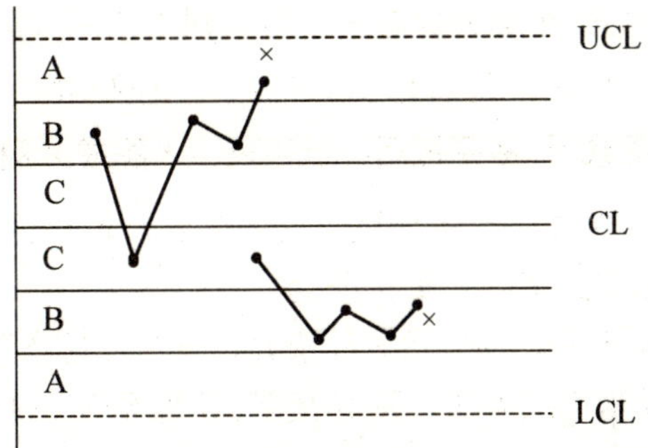

图5-21　模式3：连续5点中有4点落在同一侧的C区外

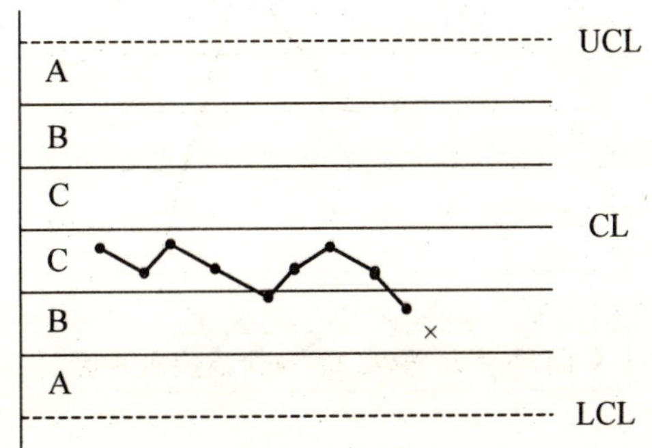

图5-22　模式4：连续9点落在中心线同一侧

②总体均值μ逐渐增大或减小（一种模式），见图5-23。

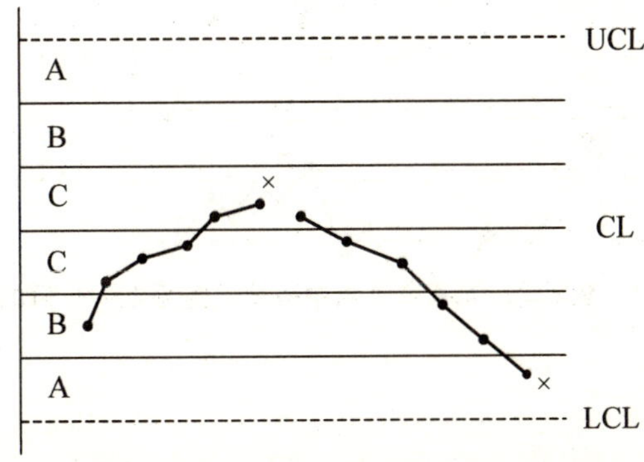

图5-23　模式5：连续6点递增或递减

③数据分层不当或数据测量有误（三种模式），见图 5－24～图5－26。

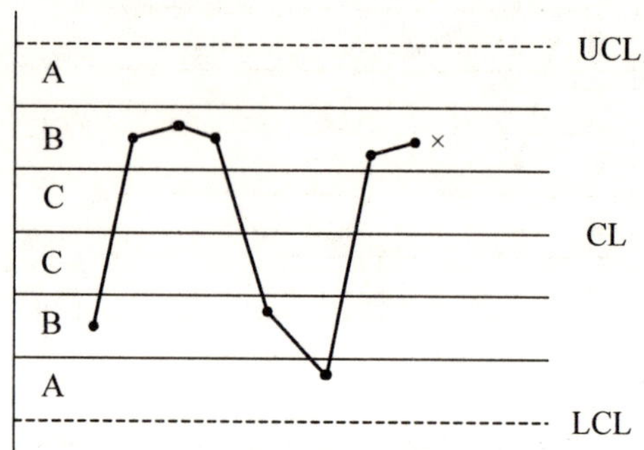

图 5－24　模式 6：连续 8 点落在中心线两侧，但无一在 C 区

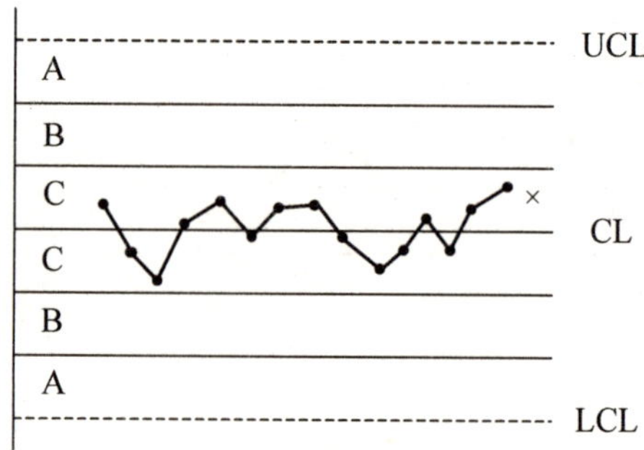

图 5－25　模式 7：连续 15 点落在中心线两侧的 C 区内

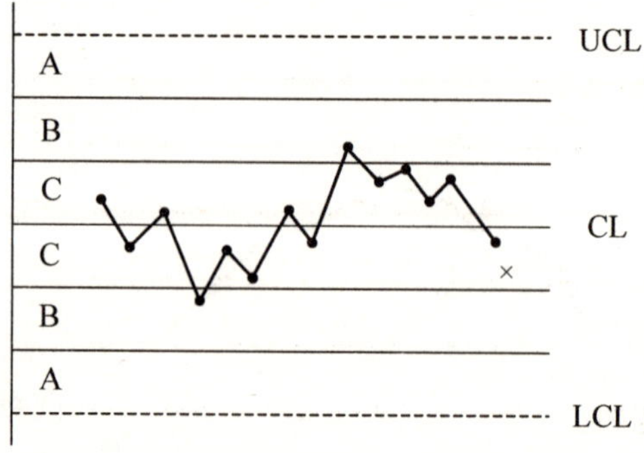

图 5－26　模式 8：连续 14 点相邻点交替上下

若 $\overline{X}-R$ 图或 $X-R_s$ 图判定总体均值 μ 不变，总体标准差 σ 也不变，表示过程只有正常波动，说明过程不合格品率不变，过程将保持在一定的质量水平上，我们就说，此时过程处于稳定状态，然后可把受控过程与规范限进行比较（过程能力分析），以确定受控过程满足要求的程度。

若 $\overline{X}-R$ 图或 $X-R_s$ 图判定总体均值 μ 改变，或者总体标准差 σ 改变，表示过程存在异常波动，需找出引起异常波动的系统性原因，采取纠正措施，消除异常波动，使过程恢复到稳定状态。

（四）注意事项

（1）选择控制对象应该是关键或重要质量特性，或问题较多的一般质量特性；

（2）控制对象要选择容易测量，并在现场容易采取措施的；

（3）在 $\overline{X}-R$ 图中，子组大小一般取 4 或 5，且要求取样间隔短，防止异常因素落入组内，保证组内仅有偶然性原因，而没有异常性原因；

（4）在过程较稳定时，组与组之间时间间隔可适当放宽，数组一般为 20～25 组；

（5）$\overline{X}-R$ 图比 $X-R_s$ 图检出异常波动的灵敏度高。只有在现场每次只能抽取一个产品进行检验，如采用自动化检查和测量的场合，取样费时、昂贵的场合，或化工等样品均匀的场合，使用 $X-R_s$ 图。

（6）$X-R_s$ 图：

单值 X 控制图：$\mathrm{CL}_x=\overline{x}$，$\mathrm{UCL}_x=\overline{x}+E_2\overline{R}_s$，$\mathrm{LCL}_x=\overline{x}-E_2\overline{R}_s$

移动极差 R_s 控制图：$\mathrm{CL}_{R_s}=\overline{R}_s$，$\mathrm{UCL}_{R_s}=D_4\overline{R}_s$，$LCL_{R_s}=D_3\overline{R}_s$

式中，移动极差 R_s 为相邻样本数据之差的绝对值。E_2取为 2.66，D_4取为 3.267，D_3取为 0。

六、过程能力分析

在现场质量管理中，用直方图和控制图分析过程，当判定过程处于稳定状态，就需要进一步分析过程能力。过程能力分析就是评估一个过程能够持续地满足规范要求的能力，以及估计过程的不合格品率。

（一）过程能力

在现场质量管理中，过程是人、机、料、法、环、信、测七大因素对产品质量综合起作用的过程。产品质量就是过程的各质量因素所起作用的综合表现。

过程能力是过程加工质量的能力，它能反映影响质量的七个因素经过充分标准化，整个过程处于稳定状态下，所具有的确保质量的能力。

一般所说的生产能力是指加工数量上的能力，过程能力是指质量上的能力，它衡量过程加工内在的一致性，与规范要求无关。

过程能力的计算如下：

$$过程能力=6\sigma$$

式中，σ 为处于稳定状态下过程（总体）的标准差。

（二）过程能力指数

过程能力指数是表示过程能力满足规范要求的程度，也即企业产品的控制范围满足客户要求的程度。

在产品质量的特性值服从正态分布的条件下，过程能力指数用 C_p、C_{pk}、C_{pU}、C_{pL}来表示。

1. 规范要求双侧的情况

（1）当分布中心 μ 与规范中心 M 重合时，即 $\mu=M$，此时过程能力指数记为 C_p：

$$C_p=T/6\sigma$$

（2）当分布中心 μ 与规范中心 M 不重合时，偏移量 $\varepsilon=|\mu-M|$，此时过程能力指数记为 C_{pk}：

$$C_{pk}=\left(1-\frac{2\varepsilon}{T}\right)\frac{T}{6\sigma}=(1-k)\frac{T}{6\sigma}$$

式中，偏移系数 $k=\frac{2\varepsilon}{T}$。

2. 规范要求单侧的情况

（1）规范要求为上限要求 T_U 时：

$$C_{pU}=\frac{T_U-\mu}{3\sigma}\quad(\mu\leqslant T_U)$$

（2）规范要求为下限要求 T_L 时：

$$C_{pL}=\frac{\mu-T_L}{3\sigma}\quad(\mu\geqslant T_L)$$

上述定义中，μ 与 σ 为总体均值 μ 与总体标准差 σ，在实际计算时，用样本均值 $\overline{X}$ 与样本极差 R 或样本标准差 s 来估计，具体如下：

$$\hat{\mu}=\overline{\overline{x}},\ \hat{\sigma}=\frac{\overline{R}}{d_2},\ \hat{\sigma}=\frac{\overline{s}}{c_4}$$

【例 5 -7】 直柄麻花钻头，其尺寸要求为 $\phi 6.2_{-0.034}^{-0.005}$ mm，用【例 5 - 6】钻头尺寸的样本数据 $\bar{x}=82.2\mu$，$\bar{R}=8.9\mu$，试求 C_p、C_{pk}。

（1）将尺寸要求按测量单位变换为 $6.1+\mu$ 的形式：

$$T_U=6.2-0.005=6.195=6.1+95\mu，T_U=95\mu$$

$$T_L=6.2-0.034=6.166=6.1+66\mu，T_L=66\mu$$

（2）计算公差中心 M 和公差带 T：

$$M=(T_U+T_L)/2=(95+66)/2=80.5$$

$$T=T_U-T_L=95-66=29$$

（3）估计总体均值 μ 和总体标准差 σ：

$$\hat{\mu}=\bar{\bar{x}}=82.2$$

$$\hat{\sigma}=\frac{\bar{R}}{d_2}=\frac{8.9}{2.326}=3.82$$

其中，当 $n=5$，查表 5 - 12，得 $d_2=2.3626$。

（4）计算 C_p 值：

$$C_p=\frac{T}{6\sigma}=\frac{29}{6\times3.82}=1.265$$

（5）计算偏移量 ε 和 C_{pk} 值：

$$\varepsilon=|\mu-M|=|\bar{\bar{X}}-M|=|82.2-8.05|=1.7$$

$$C_{pk}=\left(1-\frac{2\varepsilon}{T}\right)\frac{T}{6\sigma}=\left(1-\frac{2\times1.7}{29}\right)\times1.265=1.117$$

（三）过程能力指数的评价

1. 过程能力指数的评价

根据 C_p 值的大小，可以对过程能力进行评价，并采取相应措施，使过程能力保持良好状态。过程能力指数评价准则可见表 5 - 14。从表中可知，过程能力处于过高状态，将会引起生产成本的增加，生产效率难以提高；反之，过程能力不足，说明该过程生产质量较差，必须追查原因，采取措施加以改进。

因此，准确计算过程能力指数，并作出过程能力的准确判断，是实施过程质量控制的有效方法。当然，表 5 - 14 提供的过程能力指数 C_p 值的评价仅供参考，具体还应根据企业质量要求、过程控制能力、评价准则等方面综合考量。譬如汽车行业规定 C_p 值应大于 1.67。

表 5-14　过程能力指数 C_p 值的评价参考

级别	C_p 值的范围	过程能力评价参考
Ⅰ	$C_p \geqslant 1.67$	过高（应视具体情况）
Ⅱ	$1.67 > C_p \geqslant 1.33$	充分，应保持
Ⅲ	$1.33 > C_p \geqslant 1.0$	不足，应提高
Ⅳ	$1.0 > C_p \geqslant 0.67$	较差，应采取措施
Ⅴ	$C_p < 0.67$	严重不足，全面整顿

2. 过程不合格品率的估计

通过过程能力分析，还能对过程不合格品率进行估计，这样可以估计不合格成本，帮助指导进行相应的过程改进。设定最低的过程能力标准可以指导企业生产出可接收产品的过程和设备。

将 C_p 与 C_{pk} 二数值联合利用，可对产品质量有更全面的了解。参见表 5-15。

表 5-15　联合应用 C_p 与 C_{pk} 估计过程不合格品率（%）

C_{pk} \ C_p	0.33	0.67	1.00	1.33	1.67	2.00
0.33	68.269	84.000	84.134	84.134	84.13447	84.13447
0.67		95.450	97.722	97.725	97.72499	97.72499
1.00			99.73	99.865	99.86501	99.86501
1.33				99.994	99.99683	99.99683
1.67					99.99994	99.99997
2.00						99.9999998

3. 过程能力不足的管理决策

GB/T 4091—2001《常规控制图》明确给出了过程改进的策略。当过程能力不足，即 C_p 值小于 1，管理决策有以下几个途径：

（1）改进过程，就是采取措施，减小偏移量，或减小标准差 σ，或两者同时进行；

（2）停止制造产品，企业认为不合格品率过大，不合格品过多，造成制造成本过高，企业亏损，必须停止制造产品，全面检查，及时采取措施，以提高 C_p 值；

(3) 按照现存情况去做并实行全检，这是应急措施，如顾客急需产品，而企业暂无法提高 C_p 值，只得采取全数检验措施，满足顾客需求；

(4) 改变规范，在满足整机要求的范围内，经由设计部门同意，改变规范要求，提高 C_p 值。

（四）注意事项

(1) 过程能力分析，必须在过程稳态的情况下进行；

(2) 根据过程能力来计算 C_p、C_{pk}、C_{pU}、C_{pL}，及对过程不合格品率的估计，是产品质量特性值服从正态分布条件下进行的。当过程分布不充分服从正态分布时，过程能力指数可能会产生误导。

(3) 若过程处于稳定状态，过程分布为偏态分布，需要通过数据变换，化为正态分布，再进行 C_p 值计算和过程不合格品率的估计。

第三节　分析方法

分析方法是定性的分析事物之间相互关系的方法。

一、检查表

检查表，又称调查表，是为了便于收集和整理数据而事先设计制成的一种空白统计表。在检查产品时，只要在相应的栏内填上检查数据，这样可对收集来的数据进行粗略的整理和原因分析。

检查表因产品不同，收集质量数据的目的不同，其格式也不尽相同。下面介绍几种有代表性的检查表。

1. 不合格项检查表

为减少生产过程中出现的各种不合格品，必须对不合格品类进行统计调查，找出各类不合格发生多少，这样就可以针对不合格较多的项目，在技术和管理上采取改进措施，加以控制。以电瓶叉车不合格项作检查表，见表 5－16。

表 5－16　电瓶叉车不合格项检查表

叉车点检查记录卡

设备名称：电瓶叉车　　编号：　　　20　年　月　日　班组：　　　操作人：

顺序	点检内容	方法	点检日期				
1	门架、导轮、链条、车体外露部分油垢和积尘清除情况和润滑情况	查看					
2	各紧固件紧固是否良好	小锤检查					
3	蓄电池电解液位置是否正常	查验					
4	蓄电池各接头连接是否良好	查看					
5	门架销轴、链条锁轴、倾斜缸销轴是否完好	查看					
6	货叉、门架、升降、前后倾斜是否良好	试车					
7	转向操作机构、制动系统是否良好	试车					
8	刹车油与液压油是否充足，系统有无渗漏	查看					
9	各直流接触器触头是否密贴	试看					
10	电气部分积尘是否清除，烧毁触头是否修复	查看					

点检日期	故障部位和特征	修理内容	修理日期	维修人	修后检查	检查人	点检符号： 正常：√ 待修：×

2. 不合格位置检查表

外观不合格在任何产品上都会发生，并且可能发生在不同部位，出现多种类型。要调查这些问题，采用不合格位置检查表效果较好，这样能直观反映不合格属于何种类型，产生在哪个部位，能帮助我们进行过程分析，探讨发生原因，采取有效措施。不合格位置检查表是在产品外形图（草图）或展开图上，进行不合格位置和分布数量的调查。

例如：某企业在钢板预处理流水线上抛射除锈后，发现有残留附着物，为提高产品质量，需要对附着物的特征、部位和数量进行调查，便于采取有效措施，见表 5 – 17。

表 5 – 17　钢板预处理不合格项位置检查表

车间：__________　　　　　　　　　　　　　　　　班组：__________

品名	钢板	检验科		
工序		检验员		年　月　日
检验目的	附着物检查	检查数量		

○ 油脂

△ 氧化皮

● 污垢

+ 铁锈

□ 油漆

3. 不合格原因检查表

要弄清多种不合格发生的原因，就需要按设备、操作者、时间等标识来进行检查，填写不合格原因检查表。表 5 – 18 是电木勺的不合格原因检查表。由表 5 – 18 可见，操作者甲在 2 号设备上加工电木勺时发生不合格项较多（达 71 个），星期五那天不合格也比较多（达 56 个）。经进一步现场调查得知，是因为操作者甲在 2 号设备上更换模具不及时造成的，星期五是原料成分不符合质量要求所产生的。

表 5 – 18　电木勺的不合格原因检查表

操作者	设备	星期一		星期二		星期三		星期四		星期五		星期六		合计
		上午	下午	上午	下午	上午	下午	上午	下午	上午	下午	上午	下午	上午
甲	1	○○ ○	○○	○○	×× ●	○○ ○○	○× ×	○○ ×●	○× ×	○○ ○× ×× ×●	○○ ○○ ×× ××	○○ ○○ ×● ●	○× ×	50
	2	○○ ○○ ×× ●	○○ ○○	○○ ×	○○ ○× ×●	○○ ○○ ○× ×	○○ ○× ×	○× ×●	○○ ○× ×● ●	○○ ○○ ○× ×× ●	○○ ○○ ○×	○○ ○○ ●●	○○ ○× ●● ●	71

续表

操作者	设备	星期一		星期二		星期三		星期四		星期五		星期六		合计
		上午	下午	上午	下午	上午	下午	上午	下午	上午	下午	上午	下午	上午
乙	3	○○ ●	○○	○○ ◎	○◎	○○ ○	●●	○○ ×	○×	○○ ○○	○○ ○○ ○×	○○	○○ ●○	37
	4	○○ ○× ×●	○○ ×× ◎	○× ×	○× ×	△	○○ ○○ ●	○○ ×	○×	○○ ○○ ○	○○ ○○ ×● ●	○○ △	○○ △△	50
合计		19	14	12	14	15	15	14	14	29	27	18	17	201

注：○ 瑕疵　△ 加工不合格　● 材料不合格　× 尺寸不合格　◎ 其他

二、矩阵图

矩阵图是展示两个因素密切程度的图。矩阵图是用数学上矩阵的形式排成行和列，在其交点上标示出两个因素之间的相关关系，从这两元关系中讨论问题所在和问题的形态，确定关键点，并得到解决问题的设想。

在现场质量管理中，分析质量问题的原因时，需要分析产品质量与各项操作之间的关系，利用矩阵图工具，将产品质量的问题（现象）放在矩阵图的左边（行），将各项操作和管理活动（原因）列在矩阵图的上方（列），用不同符号表示它们之间关系的强弱。通常用◎表示关系密切，○表示有关系，△表示可能有关系，空白表示没有关系。

【例 5-8】 某钢厂使用 45kW 以上 R 型电机，用于行车起运设备，多年来一直存在着“修不敷用”的局面，以致检修费用和备品费用上升，甚至影响正常生产。该厂为提高电机检修质量，延长使用寿命，对电机定转子绕组烧坏的原因使用矩阵图进行分析，见图 5-27。

上述分析不合格现象与产生原因之间的关系，利用了矩阵图法，优点是能较快找到关键点，并及时采取纠正措施，可在较短时间内降低不合格品率。但该法属于定性分析，会受到评价人员的主观因素的影响。因此，要完全反映其真实情况是比较困难的。如果能得到数据，运用数理统计方法进行定量分析，对降低不合格品率的措施会更有效，只是耗费的精力就较多了。

上述介绍的是一个两因素之间关系的矩阵图，即由 A 类因素和 B 类因素二元配置组成的矩阵图，称为 L 形矩阵图。还有二个两因素之间关系的矩阵图，即由C类因素和B类因素组成的L形矩阵图，以及由C类因素和A类因素组成的L形矩阵图组合在一起的矩阵图，称为T形矩阵图。三个二因素之间关系的矩阵图，即由A类因素和B类因素，B类因素和C类因素，C类因素和A类因素组成的三个L形矩阵图，称为Y形矩阵图。四个二因素之间关系的矩阵图，即由A类因素和C类因素，C类因素和B类因素，B类因素和D类因素，D类因素和A类因素的四个L形矩阵图组合在一起的矩阵图，称为X形矩阵图。所以按矩阵图的形式可将矩阵图分为L形、T形、Y形和X形四种，其中L形矩阵图是最基本的矩阵图。各类型矩阵图参见图5-28。

原因 现象	氧化铁粉屑	石墨粉尘	高温	油类	水或水蒸气	碳精粉	垫圈螺母等进入	负载持续超标	电刷滑环接触不良	电阻片断路	二相运行	焊接质量	检修质量	换向反冲击电流大	轴变形	绝缘老化
转子出线端烧坏	◎	◎	○	△	○	◎	○	○		○	○	○	○	△	△	○
转子前端烧坏	◎	◎	○	△	○	◎	○	○		○	○	○	○	△	△	○
定子烧坏	◎	◎	○	△	○	◎	○	○		△	○		○	△		○
滑环损坏	○				△	△		○	○				△	△		
定转子擦铁	○						△								○	
轴承损坏	△												△			

图5-27　电机定转子绕组烧坏原因矩阵图

因素B / 因素A	因素B_1	因素B_2	因素B_3	因素B_4	因素B_5	因素B_6	因素B_7
因素A_1							
因素A_2							
因素A_3							
因素A_4							
因素A_5							
因素A_6							
因素A_7							

(a) L 形矩阵图

因素A_2						
因素A_1						
因素A_0						
因素A / 因素C / 因素B	因素C_0	因素C_1	因素C_2	因素C_3	因素C_4	因素C_5
因素B_0						
因素B_1						
因素B_2						
因素B_3						

(b) T 形矩阵图

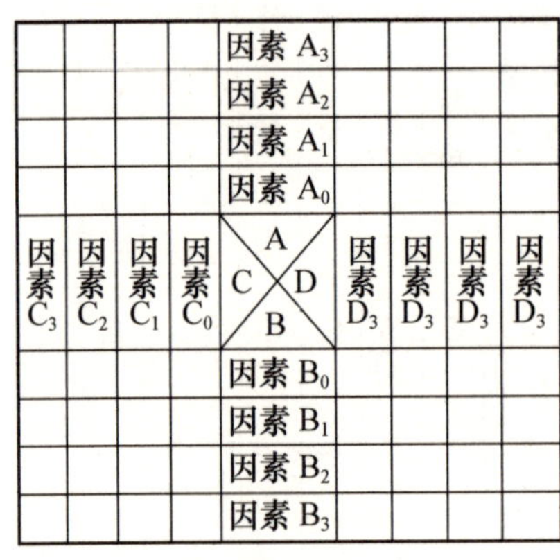

(c) X 形矩阵图

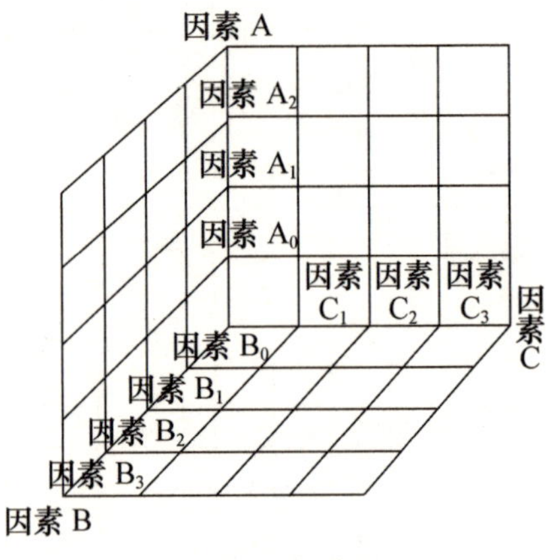

(d) Y 形矩阵图

图 5－28　矩阵图的类型

三、因果图

（一）因果图的定义

因果图是用于寻找质量问题产生的原因，即分析原因与结果之间关系的图。运用排列图找出主要质量问题之后，为了采取措施加以解决，就需要分析产生问题的原因。在生产过程中，引起质量波动主要与人、设备（设施）、材料、方法、环境和测量等因素有关，而一个问题的发生往往有很多因素交织在一起，从表面上难以迅速找出其中的主要因素。因果图采用“头脑风暴法”，集思广益，并且将大家的看法及其相互关系反映在一张图上，就能比较原因的大小和主次，便于迅速找出问题产生的主要原因。

因果图由原因和结果两部分组成。原因部分由大原因（类别）、中原因、小原因及更小原因组成（图5－29）。通过对原因的依次展开，即把对结果有影响的因素加以分类和分析，由大到小，由粗到细，追根寻源，直到能具体采取措施解决问题为止。

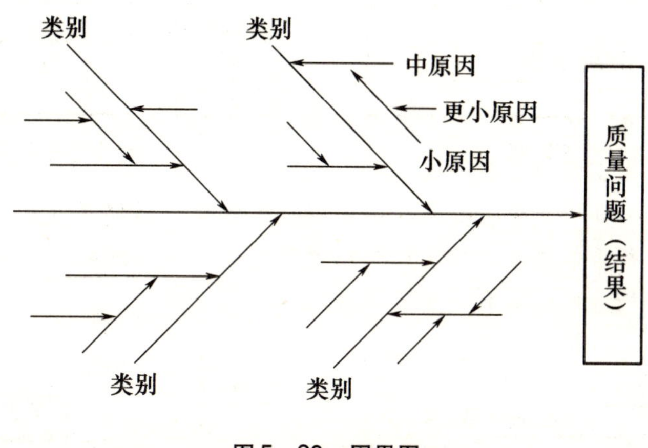

图5－29　因果图

因果图应用的三个方面：

（1）分析因果关系。要求分析透彻、全面，应尽可能找出影响质量问题的全部潜在的原因。

（2）表达因果关系。要求正确绘制因果图，清楚地表达因果关系。

（3）确定主要原因。通过识别症状，分析原因，确定主要原因，为采取措施，促进问题的解决做好准备。

（二）作因果图的步骤

作因果图，一般应按以下步骤进行：

（1）确定要分析的质量问题。将质量问题写在图的右边，画出主干、箭头指向右端。

（2）确定造成质量问题的因素分类项（大原因）。一般可按人、机、料、法、环、测分类；也可按生产工艺的先后顺序分类。画大枝，箭头指向主干，在箭头尾端记上因素分类的项目。

（3）将上述项目分别展开。中枝表示对应项目中造成的质量问题的一个或几个原因（中原因），一个原因画一个枝，箭头平行于主干指向大枝，将原因记在中枝线的上下。

（4）将上述原因再展开，分别画小枝（小原因）。这是造成中枝（中原因）的原因。

（5）如此展开下去，一直到能提出解决措施为止。

（6）确定因果图中的主要原因，并用方框框起来，作为制定质量改进措施的重要考虑对象。

（7）注明因果图的名称、绘制者、绘制时间、参加分析的人员等等。

（三）应用实例

【例 5 - 9】 某工具厂生产锥柄钮槽钻头，QC 小组为分析焊缝质量问题，运用因果图寻找主要原因。

从图 5 - 30 中找出主要原因是人的技术素质、设备电器部分、供货质量。此后分别采取措施，如组织操作者参加专业技术培训，选用优质电器元件等。接柄的废品率有明显下降。

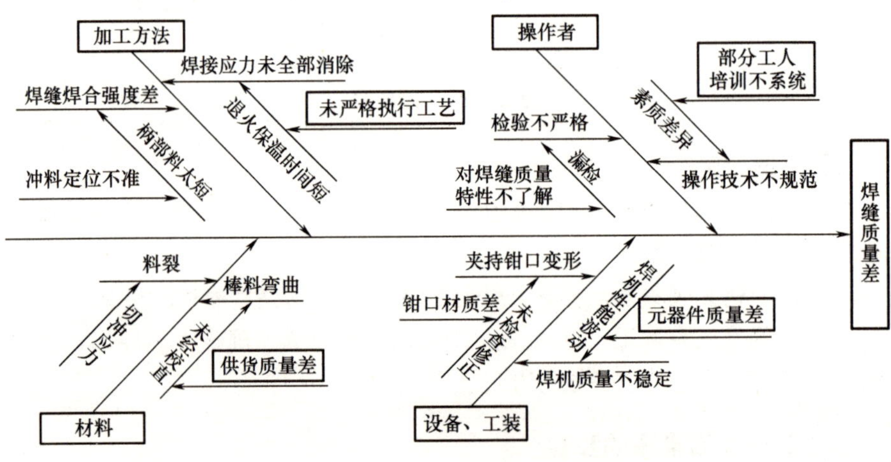

图 5 - 30 焊缝质量影响因果图

（四）注意事项

（1）一个因果图只能分析一个质量问题，多个质量问题应画多张因果图；

（2）要充分发扬民主，把各种意见记录下来；

（3）原因分析尽可能深入细致，细到可直接采取措施为止；

（4）找出主要原因后，还应到现场收集数据进行验证，并落实主要原因的项目，制定对策加以解决。

四、系统图

（一）系统图的定义

系统图又称为树图，是以树木分枝的形状来表达各种事物的现象，最早被用于家谱图和组织结构图中。

在现场质量管理中，因果图是围绕质量问题，从寻找引起问题的原因着手，层层展开来绘制的图，以便找出主要原因，系统图是围绕质量问题，从解决问题的手段和措施着手，层层展开绘制的图，以便找出最适当的手段和措施。见图 5－31。

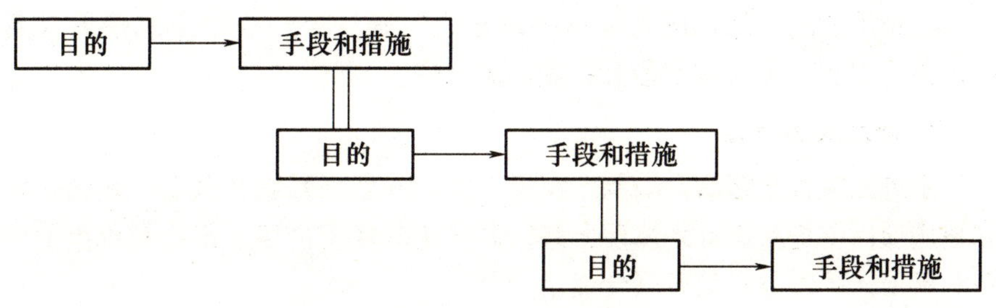

图 5－31　系统图的概念

（二）作系统图的步骤

系统图可以分为两种类型：一类是为解决问题和达到目的或目标的手段和措施加以系统地开展，称为“措施展开型”；另一类是对组成事项进行展开，称为“构成因素展开型”。

其作图的步骤：

1. 确定目的和目标

将其最终目的或把想要达到目标明确地记录在卡片上。原则上是把目的和目标以“把什么做成什么”的形式简明表示出来。

2. 提出手段和措施

（1）从采取手段措施开始，依次边想边提，逐级展开；

（2）也可以从最末一级的手段措施开始，把它们组成一组的同时，依次提出高一级的手段和措施；

（3）当难以区分高级和低级时，可以采取广泛收集各类手段，然后用亲和图进行层次整理的方法。

无论采用哪一种方法，都是为了寻找解决问题的最适宜的方法。

3. 手段和措施的评价

提出的手段和措施是否恰当，应对末端（最低一级的）手段和措施做出评价，以决定取舍，评价用“○、△、×”等符号表示：“○”表示可以实施；“△”表示要进行调查后，确定是否可以实施；“×”表示不可能实施。评价时应注意：

（1）不能简单地决定“不可能”而了事，要有论证过程，说清楚为什么取舍；

（2）评价过程中产生的新设想，要补充到原项目中，使其更加完善。

4. 确认目标能否充分地实现

绘制系统图之后，还需要从手段出发，确认上一级水平的手段（目的）是否妥当，即核实手段和措施的充分性。

5. 制定实施计划

系统图完整就绪后，应制定实施计划。一般在系统图最低一级的手段和措施项目中把实施计划体现出来，并决定其实施内容、日程和承担的任务等事项，可以与对策表联合使用。

（三）应用实例

1. 措施展开型系统图

【例 5－10】 某公司是从事书籍装订布生产的专业厂家，在作业时按布幅方向发生断裂的不合格品每月平均有 59 件之多。一旦发生不合格品，与其相关的作业必须停机，同时每一件不合格品造成 80～90m 的产品报废。

于是，把“因断裂而造成的不合格降低到最少”设定为目标，进而分解为“不断裂”和“减少因断裂而产生的损失”两个目标，作系统图，见图 5－32。

2. 构成因素展开型系统图

【例 5－11】 自行车功能系统图见图 5－33。

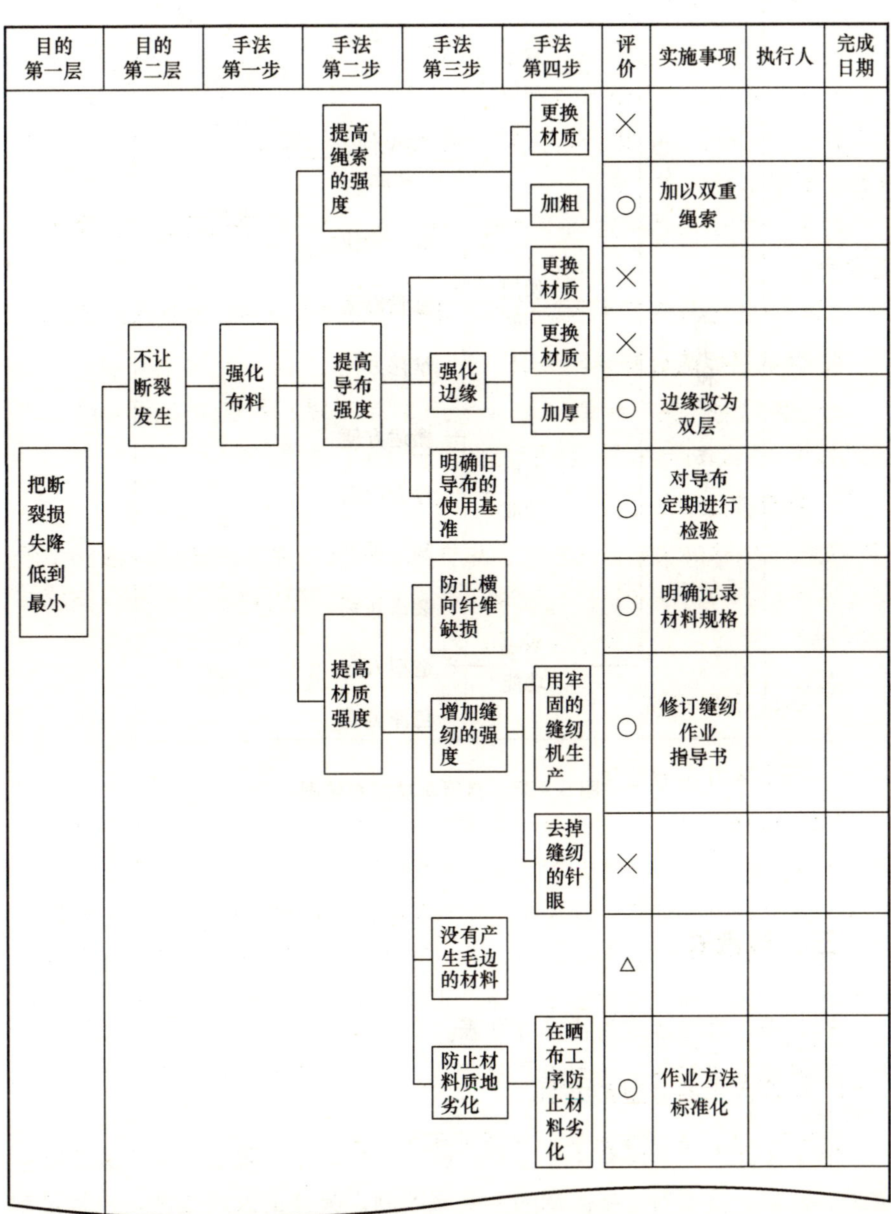

图 5－32　降低断裂损失的系统图

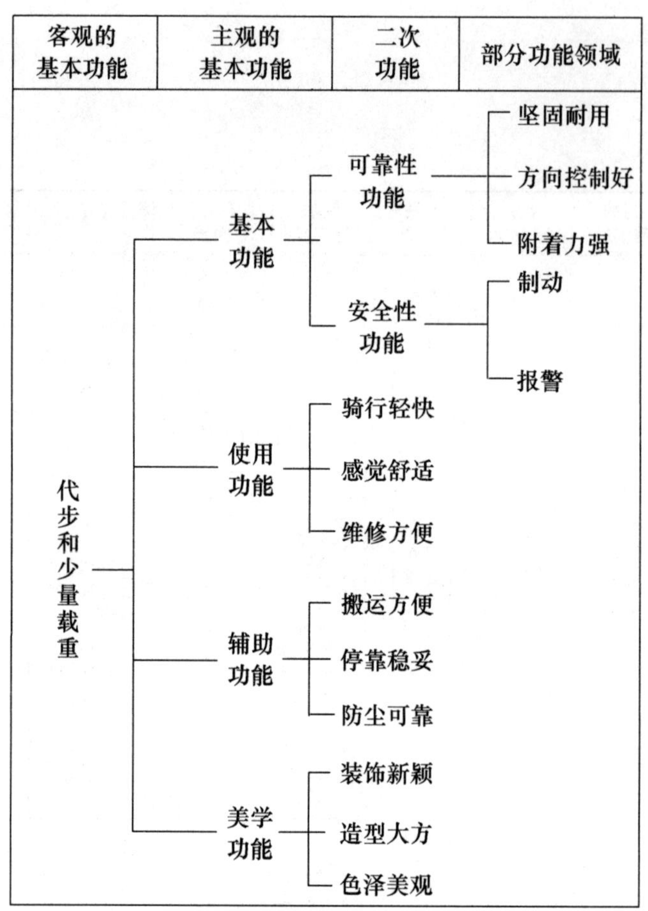

图 5－33　自行车功能系统图

五、对策表

对策表，也可以成为措施计划表。

前面我们讲过解决和改进质量问题，应按照 PDCA 循环的四个阶段八个步骤来进行。

在 P（计划）阶段有 4 个步骤，经过分析现状、找出质量问题及其主要原因之后，就要对主要问题的主要原因制定具体的改进措施，也就是制定对策。把这些对策编制成计划表，就叫对策表。对策表是执行的依据，即必须按照对策表规定的内容执行。

一般对策表的内容应包括以下部分：①要因；②目标；③措施；④负责人（部门）；⑤完成日期；⑥备注。

【例5－12】 某乳品公司微生物控制质量管理小组为提高消毒鲜奶的卫生质量，根据已分析出来的主要原因制定对策表，见表5－19。

表5－19　提高消毒鲜奶卫生质量对策表

序号	要因	目标	措施	负责人（部门）	完成日期	备注
1	奶牛场原料奶细菌数一般 5×10^6 CFU/g（mL）；个别 12×10^6 CFU/g（mL）	超国家标准：杂菌数≤ 2×10^6 CFU/g（mL），符合公司标准：杂菌数≤ 1×10^6 CFU/g（mL）	1. 帮助奶牛场建立化验室 2. 制定卫生操作制度 3. 进行技术指导 4. 热交换器由冷排改为板式 5. 帮助奶牛场维修制冷设备 6. 建立公司与奶牛场的配合制度	张××	8月2日	
2	空气含菌数偏高，气瓶经空气平均落菌数32个/(s·m²)，装瓶机房空气平均落菌数21个/(s·m²)	空气平均杂菌数≤0.1个/(s·m²)	7. 装瓶机与其他生产部分隔开，减少空气流动 8. 实行空调，将原温度高达38℃降低到28℃～30℃	王××	8月2日	
3	操作者个人卫生质量差，合格率88.5%；设备卫生质量差，合格率87.3%	个人卫生指标的合格率98%以上；设备卫生指标合格率95%以上	9. 加强工艺卫生管理 10. 严格执行岗位责任制	李××	8月9日	
4	碱浓度波动过大0.1%～3%；氯水浓度波动过大50～1000mL/L	碱浓度控制在1.0%～1.5%；氯水浓度控制在250～450mL/L	11. 对操作工人进行培训，学会测量方法 12. 每小时测定一次，进行控制 13. 化验人员帮助配制试剂，并每星期进行1～2次抽验	吴××	8月9日	

六、失效模式及后果分析（FMEA）

在现场质量管理中，为预防质量问题的发生，事前对可能出现的质量问题进行识别并分析可能产生的后果，从而实现采取预防措施；另外，接到顾客（包括产品使用者和后道工序）的投诉，必须对该问题进行分析，找出原因，及时采取纠正措施。为此，在航空和汽车等不少行业都广泛采用失效模式及后果分析方法，评估与产品和过程设计有关的风险，事先采取措施，取得显著效果。

（一）含义和类型

1. 含义

失效模式及后果分析是针对产品所有可能的失效，并根据对失效模式的分析，确定每种失效模式对产品功能的影响，再按失效模式的严重度、发生概率（频度）和不易探测度，确定其风险大小，提出可能采取的预防改进措施，以提高产品可靠性的一种分析方法。

2. 类型

一般而言，FMEA 方法分为两类。设计 FMEA（DFMEA）和过程 FMEA（PFMEA）。设计 FMEA 通常是在产品正式投产前进行的，主要针对设计方案中的不足进行分析和纠正。过程 FMEA 通常是在产品投产前实施的，关注在产品加工过程中可能出现的问题，但有时也用于顾客投诉后，对该投诉的分析。

（二）应用实例

【例 5 – 13】 某企业运用过程 FMEA 分析“壳体安装”过程可能出现的问题，提出预防和改进措施。如表 5 – 20 所示。

表5-20　过程失效模式和后果分析（PFMEA）

项目/变化水平：EVN-7823/C　　过程职能：壳体安装　　编号：10556

页数：1至1

编写者：王先生

组员：王先生、陈女士、李先生　　日期：2012年6月3日

操作序号、过程功能或要求	潜在失效模式	潜在失效后果	严重度(*S*)	等级	潜在失效原因	频度(*O*)	现行过程控制	不易探测度(*D*)	风险顺序数(RPN)	推荐措施	责任人及完成日期	措施结果				
												采取措施	*S*	*O*	*D*	RPN
40将轴承装入壳体	轴承没有完全到位	转动支持不够、轴承失效、风扇不转	7		压力设置不当	5	首件检验、操作者深度检验	2	70	无						
	错误安装	传递力矩时轴承移动、风扇停转	7		操作者安装错误	8	机器安装调整培训、材料清单	8	448	用防差错重新设计滑槽	王先生2012年7月30日	每个部件有一个滑道	7	2	1	14

（三）过程失效模式和后果分析的步骤

（1）识别过程功能和要求。

（2）使用头脑风暴法分析潜在失效模式及其影响（失效是指产品丧失规定功能的状态，失效模式是指产品失效模式的表现形式，潜在失效模式是指可能发生，也可能不发生的失效模式，潜在失效后果是指一种潜在失效模式会给顾客带来的后果）。

（3）评价每一个后果的严重等级，最大值为10，是涉及安全性的后

果，详见表5－21。

（4）使用头脑风暴法分析失效的潜在原因。

（5）评定每一个原因的频度顺序等级（频度是指发生可能性的大小，最大值为10，详见表5－22）。

（6）识别当前的过程控制。

（7）评定不易探测度等级（是指在现行控制下无法发现问题的可能性的大小，最大值为10，详见表5－23）。

（8）针对每一行计算一个风险顺序数（RPN＝严重度×频度×不易探测度，其大小表示该项风险大小）。

（9）针对具有高风险顺序数的项目，识别可采取的纠正措施。

（10）确定每项措施的负责人和完成目标的日期。

（11）对采取的措施进行监控。

（12）重新评估频度和不易探测度，计算新的RPN。

假定这些措施降低了风险，过程按计划规定进行操作。如果没有，必须修正和改进控制计划。

表5－21　严重度评价准则

后果	准则：对产品影响的严重度（顾客后果）	等级	后果	准则：对过程影响的严重度（制造，组装影响）
不符合安全或法规要求	潜在失效模式影响产品安全性能和/或包含不符合政府法规情形；失效发生时无警告	10	不符合安全或法规要求	可能危及作业员（机器或组装）而无警告
	潜在失效模式影响产品安全运行和/或包含不符合政府法规情形；失效发生时有警告	9		可能危及作业员（机器或组装）但有警告
主要功能丧失或降级	丧失基本功能（产品不能使用，不涉及产品安全）	8	严重的破坏	产品可能必须要100%丢弃，生产线停止并停止装运
	主要功能降级（产品可使用，但是性能层次降低）	7	重大的破坏	生产运行一部分（少于100%）需被丢弃；主要过程中出现的偏差（生产线速度降低或需增加人力）

续表

后果	准则：对产品影响的严重度（顾客后果）	等级	后果	准则：对过程影响的严重度（制造，组装影响）
次要功能丧失或降级	次要功能丧失（产品可使用，但是舒适度，便利等功能失效）	6	中等破坏	生产运行的100%需要进行下生产线返工，然后可被接受
	次要功能降级（产品可使用，但是舒适度/便利等性能层次降低）	5		生产运行的一部分需要进行下生产线返工，然后可被接受
烦扰的小问题	产品可使用，但是外观或噪音等项目不合格，并且大多数（>75%）顾客会发现这些瑕疵	4	中等破坏	生产运行100%需要在其运行前进行生产线的工站上返工
	产品可使用，但是外观或噪音等项目不合格，并且许多（50%）顾客会发现这些瑕疵	3		生产运行的一部分需要在其运行前进行生产线的工站上返工
	产品可使用，但是外观或噪音等项目不合格，并且少数（<25%）有辨识能力的顾客会发现这些瑕疵	2	次要的破坏	对过程、作业或作业员带来轻微的不便
没有影响	没有可识别的后果	1	没有影响	没有可识别的影响

表 5-22　频度评价准则

失效可能性	准则：起因发生可能性（失效模式原因发生的概率）	等级
很高	≥0.1，每10件中有1件	10
高	0.1~0.05，每20件中有一件	9
	0.05~0.02，每50件中有一件	8
	0.02~0.01，每100件中有一件	7
中等	0.01~0.002，每500件中有一件	6
	0.002~0.0005，每2000件中有一件	5
	0.0005~0.0001，每10000件中有一件	4
低	0.0001~0.00001，每100000件中有一件	3
	≤0.00001，每1000000件中有一件	2
很低	通过预防控制消除失效	1

表 5－23　不易探测度评价准则

可探测的机率	准则：过程控制探测可能性	等级	探测可能性
没有探测的可能	没有现行的过程控制，不能探测或不可分析	10	几乎不可能
在任何阶段不太可能探测	失效模式和/或错误（原因）不容易被探测到（如：随机的审核）	9	很微小
后加工问题探测	操作人员通过视觉/触觉/听觉在后加工进行失效模式探测	8	微小
从源头进行的问题探测	操作人员通过视觉/触觉/听觉的方式进行工位上的失效模式探测或通过运用特性测量（通/止，手工扭转检查/点击扳手等）进行后加工时的失效模式探测	7	非常低
加工后问题探测	操作人员通过使用各种测量进行后加工失效模式探测或操作人员通过使用特性测量（通/止，手工转矩检查/冲裁扳手等）进行工位上的失效模式探测	6	低
从源头进行的问题探测	由操作人员通过使用各种测量进行工位上的失效模式或错误（起因）探测或由工位上的由自动化的控制设备探测不符合零件并通过（指示灯，鸣声）通知操作人员。在作业前准备和首件检查时进行测量（仅用于探测作业前准备的起因）	5	中等
加工后问题探测	由自动化控制进行后加工失效模式探测。这种自动化控制能探测不符合零件并锁定零件以防止进一步的操作	4	中上
从源头进行的问题探测	由自动化控制进行工位上失效模式探测。这种自动化控制能探测不符合零件，并自动锁定工位上的零件以防止进一步的操作	3	高
错误探测和/或问题探测	由自动化控制进行工位上错误（起因）探测，这种自动化控制能探测错误和预防不符合零件的制造	2	很高
探测不可行；错误预防	错误（起因）预防是通过固定设施设计、机械设计或零件设计而产生的。通过过程或产品设计进行防错而避免制造不符合零件	1	几乎肯定

注：上述三个评价准则是汽车行业使用的准则。

参考文献

[1] 林修齐、苗忠保等．职工全面质量管理培训教材．上海：上海社会科学院出版社，1984.

[2] 王忠铭等．机械工业实用质量管理手册．上海：上海机械工业质量管理协会，1985.

[3]【美】朱兰等．质量控制手册（第三版）．上海：上海科学技术文献出版社，1987.

[4] 王毓芳等．ISO 9000 常用统计方法．北京：中国计量出版社，2002.

[5] 质量专业理论与实务（中级）．北京：中国人事出版社，2014.

[6] 美国质量协会．注册质量经理手册．北京：机械工业出版社，2003.

[7]【日】水野滋．新 QC 七种工具．刘纯礼译．北京：机械工业出版社，1991.

[8] 唐晓芬等．六西格玛核心教程（黑带读本）．北京：中国标准出版社，2006.

[9] ISO/TR 10017：2003 统计技术在 ISO 9001：2000 国际标准中的应用．

[10]【美】克莱斯勒、福特和通用汽车公司．潜在失效模式及后果分析（FMEA 实施手册第四版）．中国汽车技术研究中心译．2008.

[11] 中国质量协会编．全面质量管理．北京：中国科学技术出版社，2010.

[12] 陆俊岫，吴庭笙，魏承楣．船舶建造质量检验．哈尔滨：哈尔滨工业大学出版社，1995.